Maria Teresa Saraiva Melloni

Rio de Janeiro (1937–1959)
uma psicanálise possível

Maria Teresa Saraiva Melloni

Rio de Janeiro (1937–1959)
uma psicanálise possível

Editor
José Nazar

Companhia de Freud

2010

EDITORAÇÃO ELETRÔNICA
Mariana Blanc

REVISÃO
Sandra Felgueiras

EDITOR RESPONSÁVEL
José Nazar

Rio de Janeiro, 2010.

CRÉDITO DAS IMAGENS:

Instituto Municipal Juliano Moreira (IMAS-JM): páginas 63, 66, 69, 70, 71, 105, 109, 122, 133.

Noseck, L. (org.). (1994). *Álbum de família: imagens, fontes e ideias da psicanálise em São Paulo*. São Paulo, Casa do Psicólogo: páginas 80, 82, 85.

FICHA CATALOGRÁFICA:

CIP-BRASIL. CATALOGAÇÃO-NA-FONTE
SINDICATO NACIONAL DOS EDITORES DE LIVROS, RJ
M482r

Melloni, Maria Teresa Saraiva
Rio de Janeiro (1937-1959) : uma psicanálise possível / Maria Teresa Saraiva Melloni. - Rio de Janeiro : Cia. de Freud, 2010.
150p.
Inclui bibliografia
ISBN 978-85-7724-078-4
1. Psicanálise. 2. Psicanálise - História. I. Título.

10-0609. CDD: 150.195
CDU: 159.964.2

08.02.10 18.02.10
017571

Companhia de Freud
editora

Rua Barão de Sertório, 48 - casa
Tel.: (21) 2273-9357 • Fax: (21) 2293-5863
Rio Comprido - Rio de Janeiro
www.ciadefreud.com.br

Agradecimentos

Este livro é uma versão um tanto modificada da Dissertação de mestrado apresentada no Curso de Pós-Graduação em História das Ciências e da Saúde da Casa de Oswaldo Cruz – Fiocruz, com o título "O movimento psicanalítico no Rio de Janeiro (1937-1959): um processo de institucionalização".

Quero agradecer, portanto, a Cristiana Facchinetti, orientadora deste projeto, que, antes mesmo de mim, pôde percebê-lo e alimentá-lo, como também aos professores do PPGHCS, que passo a passo realizaram minha conversão para o mundo da História.

Meu eterno reconhecimento a José Nazar, que por tanto tempo acolheu meus questionamentos, permitindo a insistência de meu desejo.

Minha gratidão aos meus pares da Escola Lacaniana de Psicanálise do Rio de Janeiro, interlocutores interessados que muito me estimularam e aos meus colegas e alunos do UNI-IBMR, incansáveis em acreditar sempre em mim.

Aos meus amigos, que souberam compreender meu afastamento, meus pais e meus filhos, por se orgulharem do meu esforço, e aos meus netos, que se viram privados de tantas brincadeiras.

Em especial *in memoriam* a duas entusiastas deste trabalho – Andrea Baptista Freitas Braga e Lucy Gadelha Pillar – que se foram antes que ele estivesse concluído.

Sumário

Apresentação

*U*ma nova publicação sobre a história da psicanálise no Brasil é sempre muito bem-vinda e dá continuidade a importantes pesquisas que vêm sendo feitas sobre o tema em nosso país. É preciso não perder de vista que a história da psicanálise faz parte constituinte da formação de um psicanalista, do qual é requerido conhecer os seus principais momentos. A história relativa ao processo de nascimento da psicanálise, por exemplo, através das conquistas empreendidas por Freud, seu criador, é, por si só, demonstrativa das bases da disciplina analítica e revela o quanto a história pode ser instrutiva.

Acrescente-se ainda que a experiência psicanalítica de um sujeito é igualmente uma forma particular de historicização, em que a realidade se confunde com a realidade psíquica, na qual os fatos normalmente se entremeiam com a fantasia e o simbólico e o imaginário se superpõem ao real. Por isso mesmo, Lacan assinala que, no caso da disciplina da história, é necessário haver algo escrito, que seja um texto ou um pedaço de papel: em suma, algo do simbólico no real. Para a história é exigido documento escrito, algo do âmbito do arquivo[1], pois sem isso a história – sendo uma forma particular de simbólico, "um simbólico que se une ao real pela escrita"[2] – fica impossibilitada.

Além disso, conhecer a história da psicanálise é, mais essencialmente, proceder à análise da própria psicanálise: seu trajeto, sua forma de inserção na cultura e as diversas forças de adesão e resistência nela presentes, por exemplo a adaptação de suas teses ao movimento psiquiátrico regional.

---

1 Elisabeth Roudinesco, *A análise e o arquivo*, Rio de Janeiro, Jorge Zahar, 2006.

2 Jacques Lacan, "Conférences et entretiens dans des universités nord-américaines", in *Scilicet*, 6/7, Paris, Seuil, 1976, pp. 20-21.

Freud fez a sua parte ao narrar, em 1914, "A história do movimento psicanalítico" então em vias de ampla internacionalização, uma vez que a Associação Psicanalítica Internacional fora criada em 1910. De lá para cá, sucederam-se em especial, no tocante ao movimento psicanalítico internacional, as vastas obras sobre a história geral da psicanálise e a constituição do saber psicanalítico – dentre as mais importantes, as de Ernest Jones, Henri Ellenberger, Didier Anzieu, Paul Roazen, Peter Gay, Elisabeth Roudinesco e John Sulloway.

E em cada país a necessidade de produzir a sua história psicanalítica regional fez-se igualmente sentir. Se nos EUA a psicanálise pôde ter a sua história contada como um todo por Nathan Hale, no Brasil ela vem sendo contada aos poucos, de modo fragmentado, devido não só à dimensão continental do país, como também às diferenças culturais de cada região[3]. Além disso, em nosso país, é nítido o recente esforço de historicização proveniente das produções oriundas do movimento lacaniano, que produziu em nossa comunidade analítica, sobretudo a partir dos anos 1980, um forte empuxo ao estudo, à pesquisa e à publicação[4] que se traduziu igualmente – e necessariamente – pela pesquisa no âmbito histórico. Destacam-se neste percurso, dentre vários outros trabalhos, os livros *Introdução ao nascimento da psicanálise no Brasil*, de Gilberto Rocha; *A psicanálise no Brasil*, de Elisabete Mokrejs; *Os psiconautas do Atlântico Sul*, de Cíntia Ávila de Carvalho; *História da psicanálise – São Paulo (1920-1969)*, de Carmen Valladares de Oliveira; a dissertação de Mestrado de Claudia Fernandes Boddin sobre *L'arrivée du freudisme au Brésil et l'implantation du mouvement lacanien à Rio de Janeiro*, as duas últimas orientadas por Elisabeth Roudinesco.

Nesse estudo aqui publicado, fruto de um trabalho acadêmico orientado por Cristiana Facchinetti, autora que tem vários trabalhos importantes sobre o assunto, a psicanalista Teresa Melloni circunscreve um período dessa história que, por si só, revela um olhar particular: aquele dirigido para o processo de institucionalização da psicanálise no Rio de Janeiro e compreendido entre 1937, ano do início do Estado Novo, e 1959, momento em que a psica-

3 Quanto a isso, Elisabeth Roudinesco fala de uma história recortada "de acordo com uma geografia fundada no princípio da fragmentação". Cf. "Prefácio", in Carmen Lucia Montechi Valladares de Oliveira, *História da psicanálise – São Paulo (1920-1969)*, São Paulo: Escuta/FAPESP, 2005, p.12.

4 Cf. Denise Maurano e Marco Antonio Coutinho Jorge, "Torsions: du modernisme au baroque. Notes sur les publications psychanalytiques au Brésil". In *Essaim*, nº 7, Ramonville Saint-Anne, Érès, 2001, pp. 83-102.

nálise brasileira é reconhecida pelas instâncias internacionais da Associação Psicanalítica Internacional através da criação da segunda sociedade carioca a ela filiada. O objetivo é a compreensão do processo de institucionalização da psicanálise e sua participação na constituição do movimento psicanalítico carioca.

Nesse trabalho, que se inicia pelo emolduramento das políticas de saúde pública, a autora nos apresenta a situação política do país e a particularidade dos programas de saúde pública no cenário do pós-guerra. Descobre-se rapidamente que a história do movimento psicanalítico no Rio de Janeiro, num período em que a cidade era a capital, acha-se intimamente conectada à psiquiatria da época, na qual se destaca no primeiro plano a figura de Juliano Moreira, à frente da Assistência ao Alienado. Este psiquiatra, que estudou na Europa durante muitos anos, sendo inclusive aluno de Emil Kraepelin, adotou as teses da clínica evolutiva kraepeliniana e dirigiu o Hospital Nacional de Alienados. Significativamente, ele foi mestre de muitos psiquiatras que participariam posteriormente do processo de institucionalização da psicanálise nessa cidade. Como sublinha Melloni, Juliano Moreira, entre outras coisas, retomou criticamente o conceito de degeneração, tão em voga na época, de forma a estendê-lo para outras dimensões mais próximas ao campo psicológico, como as "condições sociais, de saúde e educação de alguns segmentos da população".

É dado um destaque particular à verdadeira proliferação de instituições públicas e privadas: a fundação e dissolução em 1928, em São Paulo, da primeira sociedade psicanalítica não só do Brasil como da América Latina; a criação em 1932 da Liga Brasileira de Higiene Mental e do Serviço Nacional de Doenças Mentais, em 1941. Surpreendem, quanto a este último, os achados da autora a respeito do sistemático suporte financeiro dado pelo estado à formação dos psicanalistas cariocas que foram a Londres e Buenos Aires realizar suas análises de formação e seguir os cursos teóricos destinados a esse fim – suporte que não deixou de levantar uma oposição política entre adversários da psicanálise.

A compreensão dos primeiros psiquiatras que se debruçaram sobre a obra de Freud revela uma tentativa de conciliar teorias psiquiátricas pré-psicanalíticas com as suas principais teses, quando, por exemplo, forçam a adaptação da noção psicanalítica de conflito psíquico à ideia de degenerescência.

Revela igualmente a profunda ambivalência manifestada por esses pioneiros em relação à obra de Freud, que era ao mesmo tempo tanto um alvo de investigação e estudo como de desqualificação enquanto ciência. Está claro que a resistência – universal – em relação à etiologia sexual das neuroses, à sexualidade infantil e ao complexo de Édipo não poderia deixar de comparecer também nesses trabalhos.

A compreensão da história carioca trazida por esta obra abrirá certamente vias para novas reflexões que, tratando do passado, permitam, como pretende Teresa Melloni, compreender melhor a trajetória e a atualidade do movimento psicanalítico numa das cidades em que a presença da psicanálise, como em Paris e em Buenos Aires, mais se faz sentir no mundo, o Rio de Janeiro – cidade fundada sob a égide do mês regido pela divindade romana Janus que, com suas duas faces opostas a presentificar continuamente a divisão do sujeito e o conflito psíquico, atraía o olhar de Freud, que mantinha uma cabeça de Janus de sua coleção de antiguidades na sua mesa de trabalho.

Marco Antonio Coutinho Jorge

Psiquiatra, psicanalista, Professor do Programa de Pós-graduação em psicanálise da UERJ, diretor da Seção Rio de Janeiro do Corpo Freudiano Escola de Psicanálise, membro da Association Insistance (Paris/Bruxelas).

Prefácio

I

Nos últimos anos, foram realizadas algumas pesquisas sobre a história da psicanálise no Brasil, principalmente no contexto acadêmico, sob as formas de dissertações de mestrado e de teses de doutorado. No entanto, as suas escolhas teóricas e metodológicas foram bastante diferenciadas, assim como as conjunturas sociais onde a psicanálise brasileira foi examinada. No que concerne a isso, não existe qualquer padrão que tenha sido efetivamente estabelecido, colocando assim em evidência a diversidade e as diferenças como marca eloquente desta produção teórica. O que é um signo alentador, aliás, pois indica a abertura presente no campo acadêmico para múltiplas direções e escolhas teóricas, sem se restringir a uma única opção.

Assim, os recortes teóricos delineados foram então diferenciados, de forma a inscrever diversos olhares metodológicos sobre o mesmo tema, mas que forjaram, desta maneira, diferentes *arquivos*. Com efeito, da história social à genealogia, passando pela leitura das instituições psicanalíticas e pela história conceitual da psicanálise, diferentes percursos foram traçados. Com isso, evidentemente, diversas *problemáticas* foram configuradas, tornando então mais densa a circulação de novas ideias e de hipóteses de trabalho. Enfim, algumas linhas de pesquisa começaram a se organizar então de maneira sistemática, tendo como ponto de partida estes mapeamentos iniciais.

É bastante estimulante, do ponto de vista teórico, o interesse relativamente recente dos pesquisadores da área de história pelo campo da psicanálise. Este interesse foi precedido pelo investimento nos campos de pesquisa sobre a psiquiatria e sobre a medicina, que já contam atualmente com produções bem mais numerosas e densas do que o da psicanálise. Porém é preciso ressaltar que, mesmo no que concerne aos campos da medicina e da psiquiatria, a qualidade das produções teóricas se transformou bastante nos últimos anos, por conta mesmo da *especialização* destas áreas de pesquisa, que ultrapassaram o amadorismo presente nas publicações iniciais.

Não obstante ser uma formulação óbvia, é preciso evocar a razão do interesse voltado para a história da psicanálise no Brasil. *Isso evidenciaria* a importância assumida pela psicanálise na sociedade brasileira contemporânea. Seria em decorrência disso que se impôs no campo acadêmico o imperativo de restauração da memória histórica da psicanálise. Seria, assim, pelas implicações inseridas no tempo presente, nos registros social, político, ético, estético e epistemológico, que seria necessário retomar o tempo passado, com vistas a aquilatar devidamente as coordenadas e as forças constituintes do campo psicanalítico no presente, visando então a projeções e antecipações do tempo futuro. Seria nessa perspectiva estratégica, portanto, que se inscreveria o trabalho de restauração da memória da psicanálise no Brasil, de maneira a colocar em destaque seu arquivo, tornando assim possível a *delimitação* de suas problemáticas.

II

Este livro de Maria Teresa Saraiva Melloni é uma contribuição importante para a realização deste projeto estratégico da psicanálise na contemporaneidade brasileira. Escrito inicialmente como uma dissertação de mestrado no Programa de Pós-Graduação em História das Ciências e da Saúde, da Casa de Oswaldo Cruz/Fiocruz, a obra em questão pretende alcançar uma maior disseminação no público leitor, ao ser publicado agora como livro.

Do que se trata, afinal de contas?

O livro pretende delimitar a constituição do movimento psicanalítico no Rio de Janeiro, que culminou com a organização institucional da Sociedade Brasileira de Psicanálise do Rio de Janeiro, em 1955, e da Sociedade Psicanalítica do Rio de Janeiro, em 1959. Estas instituições psicanalíticas se inscrevem na rede da *International Psychoanalytical Association* (IPA), que autorizou e legitimou tais fundações institucionais, como realizara anteriormente em São Paulo, com a fundação da Sociedade Brasileira de Psicanálise de São Paulo. Na década seguinte, outras instituições psicanalíticas, vinculadas à IPA, foram fundadas no Brasil, em outros estados, de maneira a ocupar outras regiões do território brasileiro.

No que se refere ao Rio de Janeiro, as duas instituições que foram organizadas assumiram a liderança do movimento psicanalítico local até os anos 80, não pela inexistência de outras instituições de psicanálise – a existência do Instituto de Medicina Psicológica, do Círculo Brasileiro de Psicanálise e do Círculo Psicanalítico do Rio de Janeiro indicam que não foi bem assim –, mas pela detenção irrefutável, por parte daquelas, da *hegemonia* política e teórica do movimento psicanalítico. Tal hegemonia foi forjada em decorrência das ligações daquelas instituições com a IPA, que lhes conferiu legitimidade específica. Isto porque a IPA foi o campo da institucionalidade da psicanálise forjado por Freud, em escala internacional, desde a primeira década do século passado.

Desde os anos 80, no entanto, a dita hegemonia foi sendo paulatinamente minada e quebrada, não apenas no Rio de Janeiro, mas em todo o Brasil, pela disseminação do movimento lacaniano no país. Desde então, a hegemonia no campo psicanalítico brasileiro passou a ser polarizada entre a IPA, por um lado, e o movimento lacaniano, por outro. Esta é a configuração institucional da psicanálise na atualidade, em esfera nacional, em que as múltiplas organizações psicanalíticas existentes se inscrevem principalmente no campo da IPA e do movimento lacaniano.

III

Porém a institucionalização da psicanálise no Rio de Janeiro teve uma longa marcha, que antecedeu em muito a fundação daquelas instituições acima citadas, que representaram efetivamente o seu ponto de chegada e de inflexão, pois passaram então a exercer a hegemonia da psicanálise no tempo áureo do seu *boom* no Brasil, quando se disseminou progressivamente, mas de maneira fulgurante, o interesse pela psicanálise em nossa tradição. Assim, esta longa marcha se inscreveu numa história propriamente dela, de forma que o que se pretendeu com a pesquisa e com a publicação agora dessa sob a forma de livro foi a escrita dessa história ou, pelo menos, uma das dimensões dessa história. Estaria situado aqui o mérito maior deste trabalho, que pôde resgatar assim, efetivamente, a memória de acontecimentos cruciais que, como argamassa, modelaram a história da psicanálise no Brasil.

Portanto, num país como o Brasil, que sofre severa e cronicamente de amnésia, no que concerne ao seu passado e a sua história, um percurso que visa a restauração da memória é sempre bem-vindo, pois nos permite perceber e reconhecer onde os nossos pés estão fincados, isto é, em que chão pisamos e encontramos pontos reais de apoio, ao mesmo tempo social, político, epistemológico e cultural.

Nesta perspectiva, alguns mitos concernentes à psicanálise poderiam ser assim não apenas revisitados, mas também decididamente desvendados, para não dizer desmascarados, numa linguagem mais rude. Isso porque tais mitos encobriram o campo *real*, nos aspectos político, social, epistemológico e cultural, com o qual interagiu a psicanálise no Rio de Janeiro. É esse processo de desvendamento de certas mitologias que torna instigante a leitura deste trabalho.

Vou colocar em destaque, no que se segue, seu confronto com alguns destes mitos, de maneira esquemática.

Antes de mais nada, ao contrário de um mito que trata a história da psicanálise apenas após sua institucionalização, o trabalho de Maria Teresa permite verificar que a psicanálise no Rio de Janeiro se constituiu numa articulação íntima com a medicina e a psiquiatria, de maneira que a constituição daquela teria sido responsável não apenas pela inserção da psicanálise no campo institucional da medicina e da psiquiatria, como também pela modelagem do discurso psicanalítico atravessado pelos discursos médico e psiquiátrico. Dito de outra maneira, a psicanálise no Brasil se forjou pelos ideários de *medicalização* e de *psiquiatrização* do espaço social, de forma que os discursos da medicina e da psiquiatria moldaram a ferro e fogo o discurso psicanalítico, diluindo as coordenadas de seu *paradigma* teórico.

Estamos aqui bastante distantes, portanto, do grupo que foi organizado em São Paulo, em 1927, com a fundação por Durval Marcondes da primeira sociedade psicanalítica da América Latina. Esta sociedade desapareceu rapidamente do mapa, como se sabe. Porém, no projeto de sua fundação, pretendia congregar não apenas membros oriundos da medicina e da psiquiatria, mas também muitos intelectuais provenientes dos campos das ciências humanas e das artes. Por conta disso, Oswald de Andrade se inseriu na sociedade em questão com entusiasmo, como outros intelectuais e artistas.

Pode-se dizer, assim, que o *movimento modernista* foi para o Brasil o equivalente ao que foi o *movimento surrealista* na França, no que tange aos valores éticos, estéticos e políticos. Ambos se interessaram vivamente pela psicanálise, pois a proposição axial desta, do descentramento do sujeito da consciência e do eu e seu movimento em direção ao inconsciente[1], foi a condição de possibilidade para a dita renovação de valores. Porém o fechamento relâmpago da dita sociedade na tradição brasileira indica, de maneira eloquente, como tal espírito crítico não tinha espaço para existir no Brasil. Na França, ao contrário, o diálogo de Lacan com o surrealismo[2] foi crucial para a constituição de um discurso psicanalítico original, de maneira a forjar o que Smirnoff intitulou de "psicanálise à francesa"[3].

Em contrapartida, a medicalização e a psiquiatrização tiveram no Brasil a sua marca por excelência, regulando as entranhas do movimento psicanalítico local, assim como modelaram as categorias teóricas do discurso psicanalítico pelos conceitos provenientes do discurso psiquiátrico e médico.

No entanto, tal processo de medicalização e psiquiatrização da psicanálise permitiram que ela fosse capaz de ser caracterizada então como tendo mais agudeza e precisão. Assim, da mesma forma que os discursos médico e psiquiátrico haviam sido fundamentalmente marcados pelos imperativos da *saúde pública*, para procurar promover a *modernização* do Brasil no início do século XX, o mesmo ocorreu com o discurso psicanalítico, nos anos 30 e 40. Por um processo de derivação epistemológica, as mesmas categorias foram transpostas para o discurso psicanalítico. Vale dizer, a psicanálise foi marcada em seus alicerces pelos discursos do sanitarismo e da psiquiatria, de forma que no seu paradigma teórico os seus enunciados[4] discursivos foram modelados pelas enunciações[5] provenientes dos núcleos sanitário e preventivo.

Foi em decorrência disso que a concepção de degeneração que delineou o discurso psiquiátrico de Morel[6], na década de 50 do XIX, teve ressonân-

1 S. Freud, *L'interpretation des rêves* (1900), Paris, PUF, 1976.

2 Sobre isso, vide: E. Roudinesco, *Histoire de la psychanalyse en France*, Vol. 2, Paris, Seuil, 1986; E. Roudinesco, *Jacques Lacan*. Esquisse d'une vie, histoire d'un système de pensée. Paris, Seuil, 1993.

3 R. Smirnoff, "De Viena a Paris". In: *Nouvelle Revue de Psychanalyse*, nº 20, Paris, Gallimard, 1979.

4 M. Foucault, *Archéologie du savoir*, Paris, Gallimard, 1969.

5 Idem.

6 B. A. Morel, *Traité de dégénérescences physiques, intellectuelles et morales de l'espèce humaine et des causes qui produisent ces variétés maladives*, Paris, Baillière, 1957.

cias no discurso psicanalítico nesses primórdios, pela mediação do discurso psiquiátrico. Assim, não apenas a presença da psicanálise no discurso da Liga Brasileira de Higiene Mental[7], mas a maneira pela qual Portocarrero analisava o mal-estar brasileiro foram fundamentalmente marcadas pela categoria de degeneração. Isso porque as formulações de Freud sobre a sexualidade perverso-polimorfa e a sexualidade infantil, enunciadas nos "Três ensaios sobre a sexualidade", passaram a ter uma conotação negativa e moralista, direcionada que foi para a valorização da regulação das populações, para colocar um limite no processo de degeneração[8].

No entanto, para além de ser marcado pela biopolítica na sua modelagem médica e psiquiátrica[9], o discurso psicanalítico foi ao mesmo tempo produzido diretamente pela política do Estado brasileiro, no que concerne aos campos da saúde pública e da higiene mental. Entretanto, se essa política de Estado visava os campos sanitários e higiênicos, por um lado, o seu outro foco era o investimento do campo científico da psiquiatria, pelo outro.

Desta maneira, cai inteiramente por terra a ideia de uma suposta autonomia da psicanálise, seja em relação ao Estado, seja com relação à política, como se a psicanálise pudesse de maneira soberba e gasosa pairar no céu do inconsciente, dando as costas para os assuntos terrenos e mundanos presentes nos campos social e político. Com efeito, a psicanálise se constituiu e se institucionalizou pela mediação do Estado brasileiro, que através da organização do Serviço Nacional de Doenças Mentais (SNDM), investiu na formação dos analistas brasileiros da primeira geração.

Assim, com apoio de bolsas de estudos fornecidas pelo SNDM, diversos psicanalistas do Rio de Janeiro foram fazer as suas análises no exterior, para que tivessem então o requisito básico de formação psicanalítica, que é a análise do futuro analista. Este investimento foi sustentado pelo Estado brasileiro, assim como investiu na formação científica de outros campos do saber, como uma direção definida pela então política científica no Brasil.

Da mesma forma como hoje a política científica brasileira concede múltiplas bolsas de estudo para que os estudantes possam fazer cursos de

---

7 J. Costa, *História da Psiquiatria no Brasil.* Um corte ideológico, Rio de Janeiro, Campus, 1979.

8 J. P. Portocarrero, *Psicanálise de uma civilização*, Rio de Janeiro, Guanabara Waissmann Koogan, s/d.

9 M. Foucault, *La volonté de savoir*, Paris, Gallimard, 1976.

mestrado, doutorado e pós-doutorado, através de suas agências de fomento científico, como a CAPES e o CNPq, nos anos 40 o Estado concedia bolsas para a primeira geração de analistas no Brasil.

O que isso nos evidencia ainda é que uma das máximas disseminadas na psicanálise brasileira até hoje, e que era bastante presente nas décadas de 70 e 80 do século passado, a saber, de que o analisando deve pagar a sua análise e que o esforço do pagamento fazia parte do sacrifício a ser feito pelo sujeito na experiência analítica, não passa de uma balela. Isso porque as análises desses primeiros analistas, no Rio de Janeiro, foram bancadas em muitos casos pelo Estado brasileiro.

Além disso, uma outra formulação que vai no mesmo comprimento de onda do que foi formulado acima e que continua ainda presente no imaginário psicanalítico brasileiro de hoje – de que não seria possível realizar análises efetivas no campo da assistência pública, pois a análise não poderia ser gratuita – não se justifica também pela experiência histórica da psicanálise no Brasil, que teve a experiência de ter a formação de seus analistas promovida pelo Estado brasileiro.

O que aqui se destaca é que a formação psicanalítica no Brasil, no que concerne à primeira geração de analistas, foi em muito investida pelo Estado, mas como este não teve retorno direto disso para a política assistencial de saúde, a prática psicanalítica se concentrou progressivamente no campo privado e não no campo da assistência pública. Constituiu-se, assim, em uma prática clínica voltada para as elites, com a cobrança de valores exorbitantes pelos seus serviços clínicos.

Enfim, empreender a restauração histórica da psicanálise no Brasil nos permite acessar as fontes onde a discursividade psicanalítica se forjou, de fato e de direito, conferindo assim à psicanálise brasileira a sua estatura real e a sua efetiva dimensão, pela decantação de algumas mitologias que foram escritas pela comunidade psicanalítica na sua história posterior.

JOEL BIRMAN

Psicanalista, Professor titular do Instituto de Psicologia da Universidade Federal do Rio de Janeiro, Professor adjunto do Instituto de Medicina Social da Universidade do Estado do Rio de Janeiro, Pesquisador do CNPq, Diretor de Estudos em Letras e Ciências Humanas pela Universidade Paris VII, Pesquisador associado do Laboratório de Psicanálise e Medicina da Universidade Paris VII.

Introdução

"Podemos prescindir do Nome-do-Pai,
na condição de nos servirmos dele".
(Lacan, 1976: 132)

*E*m todos os países em que a psicanálise logrou ser recebida, as características do movimento psicanalítico têm sido atravessadas por implicações culturais locais e temporais específicas. A investigação acerca da trajetória que o discurso psicanalítico percorreu no Brasil, em um cenário que inclui o meio sociopolítico, as ciências médicas e, em particular, a assistência e o ensino da psiquiatria, mostra-se, portanto, indispensável para a compreensão das peculiaridades da psicanálise que praticamos hoje.

A história do movimento psicanalítico é a escrita que cada analista faz com a herança freudiana. Contribuir na construção de uma história para a psicanálise é, para nós, efeito de uma função lógica inconsciente produzida na análise pessoal. A partir do irredutível ao final de uma psicanálise, só resta a ousadia de uma elaboração apoiada na prática com a psicanálise. "Na estrutura do engano do sujeito suposto saber, o psicanalista tem que encontrar a certeza de seu ato e a hiância que constitui sua lei" (Lacan, 1967/2003: 339).

Lembremos ainda o que diz Maria Teresa Palazzo Nazar no texto escrito para quarta capa deste livro:

> **A pesquisa em psicanálise trata da investigação sobre as formações do inconsciente, o que implica métodos que enveredam, necessariamente, por caminhos imprevistos, já que a experiência se apresenta na singularidade de cada caso. Nesse sentido, a psicanálise escapa à mensuração dos ditos métodos científicos tradicionais, instaurando, no entanto, um novo modo de observação e pesquisa qualitativamente formalizável (Maria Teresa Palazzo Nazar, 2009).**

E assim, foi preciso repensar os efeitos da conformação e da cristalização da psicanálise nas instituições que a acolheram. Não apenas em seus primórdios freudianos, mas também com indicação das forças que estiveram presentes ao longo dos anos posteriores ao de sua institucionalização. O significante *instituição*, através de seu brilho narcísico e de seus sinais emblemáticos, aparece aqui como resto destacado de uma história, como sinal de garantia e poder.

Podemos então considerar que historicizar o percurso da psicanálise é um movimento necessário para trazer à tona a ação das diferentes forças incluídas: tanto as estratégias e interpretações que resultaram nas traduções e traições[1] ao texto freudiano, quanto a maneira como se pode reinventar uma psicanálise.

Vale lembrar que o esquecimento, na teoria psicanalítica, ocupa lugar de destaque como manifestação do desejo inconsciente não confessável (Freud, 1901). Tanto o psicanalista quanto o historiador estão comprometidos com a historicidade, ou seja, com o dizer da memória (Derrida, 2001).

Isso se torna importante especialmente quando se considera que o processo de entrada e difusão da psicanálise local foi muitas vezes omitido dos registros sobre a história das sociedades de psicanálise no Rio de Janeiro.

A compreensão da situação da psicanálise hoje, assim como as possibilidades para sua inserção em novas organizações sociais, depende da flexibilização das verdades nas quais ela se apoia e da desconstrução de sua unidade e universalidade, o que pode ser viabilizado pela compreensão de seu percurso. Implicações locais e temporais específicas devem atravessar os modelos, ventilando compartimentos e descortinando novas perspectivas.

---

1 No sentido de Heidegger (2003), isto é, há sempre uma traição, considerando que o sentido original está sempre perdido, a partir do próprio enunciado.

Tal historicização identifica as articulações entre o movimento psicanalítico no Brasil e os projetos de nação, bem como com as políticas de saúde públicas, permitindo-nos compreender as especificidades da prática e da formação das primeiras gerações de psicanalistas no Rio de Janeiro. Embora não seja o foco central deste livro, levou-se em consideração também a influência dos esforços de Freud e de seu grupo que redundaram na formação da IPA[2], com importantes efeitos na teoria e na técnica psicanalítica a partir do momento em que chegou ao Brasil.

O recorte geográfico – Rio de Janeiro – foi estabelecido não apenas em função do espaço em que se deu a experiência da minha formação[3] e do acesso às fontes, mas também por considerar que no período delimitado concentrava-se na capital federal uma comunidade científica sob forte ingerência política das autoridades governamentais. Essas raízes marcaram o perfil das instituições locais, a formação doutrinária de seus integrantes, assim como seus objetivos, suas agendas e preocupações político-partidárias. Nesse contexto, a chegada da psicanálise ao Rio de Janeiro, sua difusão e, principalmente, sua movimentação institucional foram orientadas em parceria com a representação do poder público, aspecto que não pode ser menosprezado[4].

Já o recorte temporal foi feito de modo a articular características políticas e sociais do período como pano de fundo a partir do qual as primeiras sociedades psicanalíticas cariocas surgiram ou foram reconhecidas[5] pela IPA entre 1927 e 1959. Portanto, o período principal do estudo inclui desde a ditadura Vargas até a formação das duas primeiras sociedades de formação de psicanalistas no Rio de Janeiro.

---

2 A International Psychoanalytical Association (IPA) foi fundada por Freud, em 1910, com o propósito de identificar e garantir a difusão da psicanálise, diferenciando-a de outros usos considerados por ele e seu grupo como abusivos. Mais detalhes no curso deste livro, no Capítulo 3.

3 Participei do Instituto Freudiano de Psicanálise (1997), do Colégio Freudiano do Rio de Janeiro (1985) e da fundação da Escola Lacaniana de Psicanálise (1987), da qual sou Analista Membro até hoje. Além disso, desde 1974, integro o corpo docente do Uni-IBMR como responsável pela cadeira Fundamentos de Psicanálise na graduação do curso de Psicologia.

4 Para o movimento psicanalítico em outros estados, ver, entre outros: Galvão (1967), Mokrejs (1993), Oliveira (2002), Perestrello (1998), Sagawa (1985 e 1994).

5 O reconhecimento da IPA, primeiramente como grupo de estudos e depois como sociedade de formação de psicanalistas, atestava o cumprimento de uma série de exigências instituídas por seu modelo estatutário universal.

No entanto, a escolha dessas duas décadas – 40 e 50 – deve-se mais ainda a fatos de caráter pessoal do que metodológicos. Minha formação foi marcada pelo convívio com a segunda geração de psicanalistas formados no Brasil. Durante essa pesquisa, deparei-me com nomes bastante familiares e encontrei nos periódicos da época expressões que fizeram parte da minha infância.

Por outro lado, essa formação se deu em meio ao *boom* da psicanálise (1970), à entrada do discurso lacaniano no Rio de Janeiro, à ruptura dentro das sociedades psicanalíticas cariocas em relação à hegemonia médica e ao modelo da IPA, bem como à ida da psicanálise para a Universidade. Essa foi a configuração sobre a qual organizamos os princípios, os conceitos e elaboramos o discurso com o qual demos início a uma experiência com a psicanálise: a leitura crítica de Lacan da teoria freudiana despertou a reflexão sobre a trajetória do movimento psicanalítico, suas articulações com outras ciências, outros campos de saber, suas negociações com o poder e as formas de institucionalização e de interpretação a partir da experiência de Freud.

Participei dos grupos de pesquisa de Escola Lacaniana de Psicanálise do Rio de Janeiro – "A Constituição do Sujeito" e "A Função Paterna", temas que me remeteram à minha própria história –: lá estava eu nos hospitais, às voltas com a pré-maturidade, com a infância, com as famílias, enfim com o desamparo[6].

Assim, revisitar a teorização psicanalítica do ponto de vista histórico foi a possibilidade de reescrever e ressignificar um percurso na experiência com a psicanálise. Da mesma forma, a análise política institucional das condições de formação dos primeiros psicanalistas cariocas representa uma autorização[7], na medida em que possibilitou uma elaboração sobre o recalcado na origem da formação psicanalítica na cidade onde nasci.

Enfim, este livro representa o retorno à experiência com a psicanálise, através dos elementos constituintes de uma posição desejante, permitindo uma nova leitura do uso que, agora, posso fazer dela. O reencontro com significantes esquecidos da infância, trazidos sob a forma da historicidade, possibilitou-

6 Em 1967 concluí o curso de Terapia Ocupacional na Escola de Reabilitação do Rio de Janeiro – ABBR e trabalhei com crianças deficientes.

7 Para falar da função de uma *escola* de psicanalistas e sua relação com a solidão de um psicanalista em seu ato, Lacan diz: "o psicanalista só se autoriza de si mesmo" e acrescenta mais tarde "e de alguns outros" (Lacan, 1967/2003: 248).

me situá-los numa dimensão própria e singular. Eu, que entrei no mundo *psi* em busca de um sentido para a minha história, construo agora uma história que, além de ser da psicanálise, se torna também a minha história.

O objetivo geral do trabalho realizado que agora se apresenta em livro foi investigar as condições de possibilidade para a constituição das sociedades psicanalíticas no Rio de Janeiro na segunda metade da década de 1950. Mais especificamente, interessaram-nos as formas de articulação entre esse movimento rumo à institucionalização e as diretrizes das políticas de saúde mental no período; igualmente, demonstramos como o Estado compreendia a utilidade da psicanálise em suas instituições de saúde mental; e, por fim, verificamos a importância da articulação entre as tentativas de formação psicanalítica no Rio de Janeiro e os interesses do Estado.

Então, o referencial metodológico foi escolhido de modo a auxiliar na identificação do processo de institucionalização da psicanálise, das tramas das negociações e acordos que envolviam o pensamento, os interesses e as ações de uma geração de atores no cenário das políticas e das ciências da época.

Desse modo, este livro circunscreve uma história através da composição de diferentes interesses científicos, políticos, sociais e econômicos negociados, que surgem em meio a processos de legitimação construídos nas mudanças da conjuntura política, como também do desenvolvimento do pensamento das ciências médico-mentais. E mostra que a psicanálise não escapou às relações de poder que seus atores estabeleceram com as influências de sua época. A interpretação dos psiquiatras locais foi atravessada por uma articulação tal que permitiu a concepção de que o *Princípio de Prazer*[8], proposto por Freud, justificasse a exigência da uma vida civilizada da população, contra o prazer excessivo e a sexualidade tradicionalmente a ele relacionados e associados, à época, com a barbárie e a degeneração. Assim, a dimensão do conflito de forças pulsionais de vida e de morte – presente no pensamento freudiano de maneira claramente diversa – serviu de mote para uma interpretação norma-

---

8 Mecanismo inconsciente de regulação da economia psíquica com o objetivo de eliminar o desprazer, reduzindo a excitação. Relacionado com o princípio da realidade, pode ser interpretado como uma expressão do excesso que ameaça a vida civilizada. Por outro lado, a partir da existência de um *Para além do princípio de prazer* (Freud, 1920) e em relação à noção de constância, o princípio do prazer está situado como recurso que possibilita o imediato escoamento da libido como a forma direta e simplificada de atender a satisfação procurada. V. Laplanche, J. e Pontalis, J. (1983).

tiva do padrão de saúde, que por sua vez mantinha íntima relação com a ideia de civilização (Facchinetti, 2001).

Para permitir a demonstração da articulação da psicanálise com o campo mais amplo de diversas práticas no período que estudamos, iniciamos pela descrição das políticas de governo, das demandas e articulações de seus representantes, do contexto sociopolítico que nas primeiras décadas do século XX serviram de fundo ao desenvolvimento de uma assistência psiquiátrica, assim como à entrada da psicanálise no Brasil. A seguir situamos as ideias envolvidas com as questões do mental desde os primórdios de uma Assistência aos Alienados: a construção dos grandes hospitais, das colônias e a consolidação do ensino da psiquiatria. Essa abordagem nos permite verificar a utilização dos conceitos freudianos a partir das necessidades e demandas da psiquiatria da época, destacando-se o papel do Serviço Nacional de Doenças Mentais (SNDM, 1941).

Só então, no terceiro capítulo, abordamos a chegada das ideias de Freud, que aportavam da Europa desde as primeiras décadas do século XX, o início do movimento psicanalítico em São Paulo e as condições políticas que serviram de fundo à formação das duas seções – carioca e paulista – da primeira sociedade psicanalítica do Brasil e também da América Latina (1928). Pudemos destacar, assim, os fatores que concorreram para que, em 1930, ela fechasse as portas e só seis anos mais tarde outra sociedade surgisse em São Paulo, assim como na década de 1950 surgiram as duas no Rio de Janeiro, já nos moldes da IPA. Nesse momento, redimensionamos os traços da política de governo no pós-guerra e as características do período de 1946 a 1959, no qual se deu o processo de institucionalização das duas primeiras sociedades de psicanálise no Rio de Janeiro reconhecidas pela IPA[9]. Esse período se marca pelo movimento de democratização do país, o rearranjo das relações internacionais no pós-guerra e seus efeitos sobre a política de governo e, especialmente, sobre os programas de saúde.

Finalmente, à guisa de conclusão, no quarto capítulo consideramos de que modo a presença do poder público federal influenciou os rumos que a psicanálise tomou a partir de sua inserção no âmbito da psiquiatria. Buscamos apontar as linhas de influência que os programas de assistência ao doente

9 Sociedade Psicanalítica do Rio de Janeiro – 1955 e Sociedade Brasileira de Psicanálise do Rio de Janeiro – 1959.

mental estabeleceram com a difusão e a utilização dos princípios e conceitos da psicanálise. Localizamos aqui os intelectuais que absorveram a psicanálise inicialmente, buscando situá-los: onde trabalhavam, quais os problemas com que se ocupavam, que relações estabeleciam, o que faziam, com que segmentos e personagens se envolviam, quais eram seus objetivos, suas práticas, suas crenças, interpretações e pensamentos que tornavam públicos.

Capítulo 1
A Moldura: a saúde e as políticas públicas

Inicialmente queremos mostrar o contexto político-social a partir do início do século XX, os ideais que lhe serviram de apoio, assim como as políticas de governo que foram construídas e exerceram influência na saúde pública e na saúde mental durante os períodos posteriores (1937-1959).

A virada para o século XX e suas primeiras décadas foram indiscutivelmente marcantes para a história do país, porque traçaram os rumos para um ideal de nação moderna, ainda às voltas com a instabilidade do início do regime republicano e com a convivência com a desordem social. Esses objetivos ocuparam durante longo tempo as agendas de discussão dos intelectuais e cientistas, preocupados com as questões em torno da definição do povo brasileiro (Lima, 2005).

Assim, as precárias condições habitacionais e sanitárias e a instável população, alijada dos meios de produção, colocavam-se como questão frente à necessidade de se buscar uma identidade nacional e construir o desenvolvimento econômico, tornando a saúde um fator preponderante para a consecução das políticas de governo do início do século (Vilhena, 1993). Passava-se então a acreditar que as doenças é que estavam relacionadas com os problemas da constituição física e psíquica dos brasileiros: "ele está assim, não é assim"[1]. Essa preocupação tomou diferentes enquadres nas correntes

1 Monteiro Lobato em relação ao seu personagem "Jeca Tatu", *apud* Lima e Hochman (1996).

científicas da época. Para alguns, os obstáculos impostos pela natureza da região – tropical – eram insuperáveis; para outros, a miscigenação e a inferioridade racial eram os principais problemas; e ainda outros viam na forma de organização nacional e na ausência do poder público no interior do país os principais problemas para a nação brasileira (Teixeira, 1997).

Com a crise econômica mundial de 1929, uma instabilidade política social exigiu maior definição do perfil do Brasil no meio internacional. O período foi marcado pela entrada de um governo centralizador, que culminou com o fechamento do Congresso e a implantação do Governo Provisório (1934-1937). Influências internacionais, tanto de ordem política como econômica e científica, refletiram nas reformas do período no país: a força da ideologia comunista, as ciências positivistas e os novos modelos de produção renovavam os ideais das elites, reorganizavam as camadas sociais e exigiam reestruturação da máquina estatal (Lafetá, 1974).

As políticas de saúde foram, assim, também reformuladas para funcionarem como marco da posição do Estado frente às novas reivindicações populares, passando a integrar diferentes classes sociais, tanto nas metrópoles como nas distantes zonas rurais (Fonseca, 2007).

É importante destacar os personagens mais influentes e as instituições que mais marcaram tais políticas públicas de saúde. Seguindo o trabalho de Fonseca (2007), consideramos as linhas de influência que esses personagens exerciam no desenvolvimento da psiquiatria: seus objetivos e ideias, os lugares que ocupavam, assim como as negociações e alianças que empreendiam.

O período seguinte (1937-1945), chamado Estado Novo, exerceu papel decisório no desenvolvimento institucional e intelectual das ciências (Miceli, 1979), disponibilizando recursos governamentais, principalmente na área de assistência social, base de sustentação do poder público: as articulações, negociações e alianças políticas tornaram-se insubstituíveis para a construção de um modelo de saúde pública (Vianna, 1994b).

Mesmo assim, Getúlio perdeu o poder para retornar, então, em 1951. Esse é o período que mais nos interessa, já que as políticas públicas da assistência psiquiátrica ocuparam lugar privilegiado nas iniciativas do governo. Foi também quando se formalizaram as organizações das sociedades de psicanálise no Rio de Janeiro, então capital federal.

Um modelo de governo – 1910-1930

No início do século XX, vertiginosas mudanças despontaram no cenário republicano brasileiro, determinando um novo perfil para a estrutura de suas políticas públicas, principalmente no que se refere àquelas acerca dos anseios sociais. Segundo Luz (2000), duas vertentes estavam sendo definidas nas políticas de governo da época: as tendências à centralização/descentralização e à concentração/desconcentração. Tratava-se então de definir quais os serviços que caberiam ao Estado, quais instâncias – federal, estadual, regional, municipal – se encarregariam das respectivas ações e qual o modelo de distribuição de competências (Luz, 2000: 294).

Nessas circunstâncias, o poder público foi levado a assumir um papel centralizador, fiscalizador, coercitivo e autoritário, a fim de impedir a instalação de epidemias ou de controlar sua proliferação. A autoridade governamental praticamente se confundia com a autoridade sanitária, conquistando penetração local e abrangência universal. A necessidade de medidas de controle de migração, de campanhas de vacinação, de isolamento de doentes, além da criação de serviços ambulatoriais e do treinamento de pessoal, ampliava a dependência dos governos locais em relação à autoridade da federação. Por outro lado, a incapacidade de alguns estados de resolverem sozinhos os problemas decorrentes das doenças tornava-os mais dependentes das soluções federativas (Hochman, 2006). Formava-se, então, uma tensão entre a concentração da responsabilidade do governo e a distribuição das ações locais.

O cenário político-social dessas primeiras décadas caracterizava-se, ao mesmo tempo, pela preocupação premente de resolver os impasses para a modernização do país – segundo a crença na época, era preciso que se resolvessem os problemas advindos da constituição física e moral do brasileiro: os problemas de saúde foram abordados a partir dos ideais para o país (Lima, 2005).

Desde a virada do século XIX para o XX, o debate científico em torno da constituição inferior do povo era alimentado pelo anseio de recuperar o país "doente", integrar o interior à civilização e oferecer-lhe condições para o desenvolvimento cultural e econômico. Nesse sentido, vários segmentos de representatividade importante na elite intelectual da época, tais como a Academia Nacional de Medicina, a Faculdade de Medicina do Rio de Janeiro, o Instituto Osvaldo Cruz, juntamente com as Forças Armadas e a sociedade civil, participaram ativamente de uma então chamada "política médica" (Hochman, 2006).

Tal referência teórica permitia à ciência médica higienista e de saneamento da época sentir-se capaz de responder às dificuldades sociais e políticas do país. A famosa frase de Miguel Pereira, médico alienista do Hospital Nacional de Alienados (HNA) e professor da Faculdade de Medicina do Rio de Janeiro, retrata bem a posição da comunidade científica diante dos problemas de organização política e social da época: "O Brasil é um grande hospital!". Portanto, a saúde e a educação deveriam estar na base de qualquer estratégia de unificação e consolidação da cidadania do povo brasileiro (Lima e Hochman, 1996).

Liderado principalmente por Belisario Pena[2], esse movimento promoveu a causa em prol do saneamento, deixando atrás de si uma rede de postos de profilaxia rural, cuja administração dependia da mobilização política entre o governo central e as oligarquias regionais (Hochman, 2006).

Sustentando a proposta de construção nacional, o movimento sanitário da época concentrava-se na ideologia da recuperação do sertanejo e da população rural, expressando assim o exercício do controle e da autoridade do Estado em nome do fortalecimento da nação (Teixeira, 1994). Esse modelo, cunhado na intervenção direta sobre as condições da saúde rural, nas campanhas de combate às endemias e no combate aos chamados "venenos sociais" presentes na desordem urbana, abriu espaço para aproximar medicina e política de governo (Vilhena, 1993). O papel atribuído ao médico era agora de tributário das expectativas creditadas às responsabilidades do governo; portanto, era necessário concentrar a organização e a coordenação das ações de saúde por meio de órgãos próprios, centralizados e autônomos (Lima e Hochman, 1996).

A ideia de saneamento marcava fortemente também as ações da Diretoria Geral de Saúde Pública (DGSP), ligada ao Ministério da Justiça e

---

2 Belisario Penna, médico sanitarista que, em 1904, tornou-se Inspetor Sanitário no Rio de Janeiro e no ano seguinte foi transferido para o Serviço de Profilaxia de Febre Amarela, o que o aproximou de Osvaldo Cruz. Designado por este, partiu em 1906 para combater o impaludismo em Minas Gerais e em 1912, com Arthur Neiva, foi para o Nordeste, a fim de estudar as condições sanitárias da região. No ano seguinte voltou à Inspetoria Sanitária do Rio de Janeiro. Participou da Liga Pró-Saneamento, da Comissão Central Brasileira de Eugenia e do Movimento Integralista (Thielen, 2002). Vale lembrar, Belisario Penna foi sogro de Renato Kehl, de quem trataremos adiante.

Negócios Interiores, pasta encarregada dos assuntos relacionados com a saúde e a educação até a criação do Ministério da Educação e Saúde Pública (1930).

Ainda às voltas com a dificuldade da unificação republicana, a elite convivia com uma população instável de ex-escravos e imigrantes, ainda não integrados aos meios de produção, o descontrole do crescimento das principais capitais – que se viam em precárias condições habitacionais e sanitárias – e o desordenado aumento da mobilidade urbana. Assim, encontramos no período a elite preocupada com os prejuízos decorrentes de problemas sociais. Por causa deles, ela se aliava a representações e organizações científicas para exercer o controle social.

A necessidade de alavancar o progresso, associada à indefinição de padrões culturais que facilitassem a identidade da nação, impunham à intelectualidade local a compreensão de que eram necessárias intervenções sociais mais eficazes. Essas eram as preocupações mais prementes que tomavam lugar nas agendas das políticas de saúde (Vilhena, 1993).

Entretanto, apesar do forte interesse estatal pelos problemas da saúde, não havia uma ação de continuidade no apoio aos diferentes problemas, o que pode ser exemplificado pela fala de Belisario Pena que, à frente do DNSP em 1932, já protestava contra cortes orçamentários que reduziam as atividades nos estados. Como vemos, os ideais do longo período da Primeira República não eram suficientes para conter a insatisfação de interesses originada nas diferentes camadas sociais.

Mas isso foi mudando após o início do governo Vargas. A época assistiu a amplas reformas administrativo-institucionais em torno da reforma constitucional de 1934, e nelas a saúde teve papel de destaque (Fonseca, 2007: 94). Pouco a pouco, chamadas pelas reivindicações do operariado e das organizações sindicais, as atenções foram se voltando também para a desordem urbana e para o funcionamento da máquina estatal (Santos, 1985). Mesmo assim, as políticas públicas de saúde continuaram a ser uma bandeira para a consolidação do Estado. E é só "a partir de 1930 que a política social passa a ser incorporada definitivamente como atribuição do Estado" (Fonseca, 2007: 6).

Higiene, eugenia e poder público

Diversas descobertas científicas no campo da hereditariedade estavam presentes no discurso dos cientistas no início do século. Segundo o neolamarckismo[3], a degeneração – deterioração da constituição física e moral do brasileiro – era causada pela transmissão hereditária de uma bagagem genética modificada pela incorporação de caracteres adquiridos no meio.

Sendo assim, as ciências recém-chegadas da Europa eram consideradas a salvação para alcançarmos o modelo de uma nação desenvolvida. Foi assim que a eugenia[4] – considerada um eficiente recurso para o aprimoramento racial – aportou no país, apoiada pela higiene mental[5], na época uma esperança para a consolidação de uma nova psiquiatria que sustentasse o lema "ordem e progresso" para a elite e o governo. Reunido em torno de Renato Kehl[6], um grupo de 140 membros, entre médicos, educadores e juristas, criou em 1918 a Sociedade Eugênica de São Paulo[7] para discutir propostas de regulamentação que pudessem controlar a "transmissão hereditária, a evolução e a influência do meio ambiente, das condições econômicas, da legislação, dos costumes e dos hábitos sobre a raça brasileira" (Stepan, 2004: 341).

O neolamarckismo, que contribuía para a concepção da degeneração e já havia servido de apoio para os ideais higienistas, associava-se então também à eugenia, reforçando as propostas científicas no campo social e comparecendo

---

3 As teorias de Lamarck, influentes no meio científico da época, afirmavam que os caracteres adquiridos eram incorporados à bagagem genética e podiam ser transmitidos hereditariamente (*apud* Stepan, 2004: 346).

4 "A eugenia surgiu como movimento social, como uma nova ciência capaz de levar a uma nova ordem social que permite testar idéias sobre a geração social de conhecimento científico. Ligada à genética, ela faz parte da visão 'naturalista' da ciência, como produto da cultura e da vida social" (Stepan, 2004: 333).

5 A higiene mental – prática intervencionista na infância – via na prevenção a saída para a melhoria racial do país. Em torno da Liga Brasileira de Higiene Mental (LBHM), fundada no Rio de Janeiro em 1923 por Gustavo Riedel, reuniram-se vários psiquiatras e intelectuais influentes no projeto político do governo para construir uma nação moderna (Costa, 1976: 11).

6 Médico e farmacêutico, desde 1917, Renato Kehl deu início, em São Paulo, à organização dos estudos sobre a eugenia. Em 1918 fundou a Sociedade Eugênica de São Paulo, mas foi no Rio de Janeiro, para onde se transferiu em 1920, que suas ideias tiveram lugar no meio institucional, a partir dos contatos estabelecidos com Belisario Penna, Antônio Austregésilo, Juliano Moreira, Gustavo Riedel, Miguel Couto, Carlos Chagas, Roquete Pinto, Afrânio Peixoto e Henrique Roxo. A eugenia passou também a obter grande destaque na Sociedade Brasileira de Neurologia, Psiquiatria e Medicina Legal, como também na formação da LBHM (Stepan, 2004: 339-342).

7 Fundada em 1918 por Kehl, a primeira sociedade de eugenia da América Latina, com cerca de 140 membros, promovia o estudo e a propaganda sobre a regeneração brasileira. Em 1919, com a transferência de Kehl para o Rio de Janeiro, a Sociedade Eugênica encerrava suas atividades (Souza, 2004).

não só no discurso dos cientistas, dos políticos e da sociedade, como também reivindicando lugar em estratégias de controle social (Teixeira, 1997).

Com a intenção de projetar-se fora do estado, a Sociedade Eugênica convidou o sanitarista carioca Belisario Penna para vice-presidente honorário. Perfeitamente identificado com os anseios pela "definição de uma política educativa sanitária para efetivar o melhoramento da raça, levando ao engrandecimento do país", Penna aliava o prestígio político e o reconhecimento científico (Vilhena, 1993: 83) que permitiriam alavancar o novo saber. Renato Kehl transferiu-se então para o Rio de Janeiro e se integrou à Academia Nacional de Medicina e à Faculdade de Medicina, penetrando no campo da medicina legal e no poder legislativo.

No Rio de Janeiro, a eugenia encontrou muitos adeptos, graças a sua penetração na Liga Brasileira de Higiene Mental (LBHM)[8]. Fundada em 1923 por Gustavo Riedel, então diretor da Colônia de Psicopatas do Engenho de Dentro, a Liga pretendia promover uma "nova psiquiatria", ampliando seu campo de intervenção por meio de um programa de higiene mental e eugênico na vida individual, escolar, profissional e social. Preocupava-se com a delinquência infantil, a prostituição, o alcoolismo, as doenças venéreas, a subnutrição e a criminalidade, os chamados "venenos raciais", relacionando os costumes locais com questões biológicas, tanto raciais como eugênicas, já que estes males poderiam degenerar a prole (Souza, 2004).

Ao longo da década de 1920, as teorias lamarckistas passaram a sofrer fortes contestações no país, quando foi colocada em questão a influência do ambiente na constituição genética. Perdeu assim, paulatinamente, o lugar para a eugenia mendeliana[9].

De fato, problemas como as fortes epidemias que assolaram o país no período e as dificuldades advindas da intensa mobilização imigratória, provocada pela primeira Grande Guerra, mantiveram em pauta uma forma de "racismo científico" que continuava a ver, tal como no final do século

8 Fundada como entidade civil, reconhecida como de utilidade pública e subvencionada por verba federal, a LBHM tinha o objetivo inicial de aperfeiçoar a assistência a doentes mentais, promovendo a especialização dos profissionais e a modernização dos estabelecimentos psiquiátricos. A partir de 1926 passou a desenvolver projetos de prevenção, educação e eugenização da população em geral (Costa, 1976).

9 A eugenia mendeliana colocava a questão da hereditariedade apenas nos termos da combinação de genes, retirando a possibilidade da transmissão dos caracteres adquiridos (Ponte, 1999: 48).

XIX, o branqueamento do povo como solução para os problemas da saúde do brasileiro. Ao mesmo tempo, a onda otimista sobre a possibilidade de regeneração e o espírito nacionalista do pós-guerra contrapunham-se à situação de pobreza, à migração interna, à imigração e ao desemprego do fim da década de 1920, causando instabilidade social. As medidas com base nas máximas "governar é sanear" ou "higienizar é eugenizar" não haviam resolvido como se esperava a constituição genética da "raça brasileira".

Esse panorama acentuou a visão de que, para sobrepujar as dificuldades, seria necessário o apoio no cientificismo biológico alemão, que se impunha na época como dogma à pesquisa. Além disso, com a consolidação da psiquiatria como disciplina, aumentava o seu poder de interpretação acerca dos problemas culturais em geral. Essa tendência biologizante teve eco na reconfiguração dos objetivos da LBHM, que, por sua vez, recebia de bom grado a contribuição do pensamento eugênico de Kehl, cada vez mais apoiado na eugenia negativa anglo-saxã.

Ainda assim, a eugenia negativa[10], proposta por Kehl no fim da década de 1920, não obteve o sucesso esperado junto à Assembleia Constituinte e à Câmara dos Deputados[11]. Essas ideias sofreram pressão por parte da Igreja e do Exército, que também tomavam para si a tarefa de promover a educação moral e social[12] (Reis, 1994). Mesmo assim, foi um modelo positivo e preventivo de eugenia que preponderou no país e que, por meio de conceitos de adequação e inadequação, permaneceu influenciando a política de nação no meio científico, político e cultural da época (Souza, 2004). Vale dizer que o crescimento da eugenia foi contemporâneo às críticas ao saneamento e à higiene, propostas que vigoravam como solução para o país desde 1910 e que já pareciam não dar conta dos problemas nacionais.

Mas, de uma forma ou de outra, tanto pelo pensamento eugênico positivo, preventivo-higiênico, quanto pelo negativo, a crença na inferioridade do povo era fato consumado. Seja pela condição da raça degenerada, seja

10 A eugenia negativa propunha que só a eliminação de gerações geneticamente comprometidas, por meio de esterilização, interdição do matrimônio ou extermínio, poderia impedir o processo de degeneração da "raça" de um povo (Facchinetti, 2006).

11 A proposta da obrigatoriedade do exame pré-nupcial, por meio da lei nº 216 de 5/08/1936, acabou não sendo regulamentada pelo Executivo.

12 Sobre as mudanças nas propostas eugênicas de Kehl entre as décadas de 1920 e 1930, ver Stepan (2004) e Souza (2004).

pela insalubridade do meio, os fantasmas do determinismo e da inviabilidade ecoavam. Em contrapartida, surgia um movimento de oposição, tentativa de resposta ao pessimismo que tomou conta da intelectualidade da época. A esse esforço, próprio do entre-guerras, se agregaram a eugenia, a higiene mental e a psiquiatria, intervindo na individualidade do cidadão, seus costumes e personalidade, em nome de uma coletividade, traduzida como saúde pública; em nome, como Kehl formularia, do *homem saudável* (*apud* Facchinetti, 2006: 4). "A preocupação com o espaço social onde se desenvolve a vida dos indivíduos, e as influências negativas que ele pode causar, é característica marcante no discurso de alienistas, higienistas e eugenistas nas primeiras décadas do século XX" (Vilhena, 1993: 82).

Assim, o debate sobre as políticas necessárias para a construção de uma nação moderna acabou por alimentar-se da possibilidade da intervenção da medicina e em particular da psiquiatria da época, a partir da influência da biologia. Se o saneamento e a educação já não podiam garantir a regeneração da "raça brasileira", a previsão do aparecimento de *psicopatas*[13] permitia a prática de políticas de controle sobre a procriação daqueles cujas características degeneradas ameaçassem o modelo de saúde do brasileiro.

Vargas e a construção de uma Saúde Pública (1930-1945)

Como dissemos, o projeto de modernização social alavancou o governo de Getúlio Vargas, exigindo-lhe inúmeras reformas políticas que atendessem às demandas dos diferentes segmentos políticos que o sustentavam no poder. Sendo assim, ele teve que associar um perfil centralizador, autoritário e intervencionista com uma ampla rede de alianças e acordos. Vargas buscou, como estratégia, engajar todos os cidadãos e representações institucionais e seus interesses em torno de seu ambicioso projeto de nação. Dessa forma, ao mesmo tempo que buscava dar autonomia aos mais diferentes setores sociais, tornava-os depen-

13 O decreto lei nº. 17805, regulamentado delo decreto nº. 5148 de 10/1/1927, tratava da "re-emancipação da Assistência ao Alienado, que tem seu campo de ação ampliado a todos os psicopatas alienados ou não" (Relatório do HNA, 1928) que passa a ser chamada Serviço de Assistência ao Psicopata (SAP). Tal estratégia pretendia alargar o âmbito da psiquiatria para fora dos hospitais, tornando a assistência muito mais abrangente. Apoiada na educação, na eugenia preventiva e na higiene, ela ganhara um amplo campo de intervenção para além dos casos patológicos. A Assistência passara a abarcar toda a população dos anormais.

dentes das articulações e alianças políticas do governo central (Vianna, 1994b: 183). É também o que nos mostra Cristina Fonseca: "nesse período, teve início a implementação de uma ampla política social de saúde que seguia parâmetros de universalidade e que constitui um dos instrumentos para assegurar e fortalecer a presença do governo central nos estados, fazendo frente à organização política local e aos interesses das elites regionais" (Fonseca, 2007: 175).

As características do povo brasileiro e seu estilo de vida tornaram-se fatores indicativos do potencial de desenvolvimento da nação. Portanto, as políticas de saúde tinham prioridade no projeto para uma nação em desenvolvimento.

Foi assim que se formulou um ministério que cuidasse de uma política de saúde que abrangesse a totalidade da população, antiga aspiração de governo desde o início do século.

É interessante lembrar que tanto a criação do Departamento Nacional de Saúde Pública – DNSP (1920), como as reformas nas áreas da saúde e educação, principais estratégias para a política de governo neste período (Brito, 2006), resultaram de um amplo processo de negociações. Ambas se apoiaram nas fortes tintas do projeto de construção nacional de Getúlio Vargas, como também nas circunstâncias políticas das relações entre o governo central e os demais segmentos envolvidos. Assim as circunstâncias políticas da década de 1930 foram também determinantes no processo de criação do Ministério da Educação e Saúde Pública (MESP) e do Ministério do Trabalho Indústria e Comércio (MTIC) em 1930 (Hamilton e Fonseca, 2003)[14].

O primeiro cuidava do *welfare state*, ou seja, do tratamento e prevenção da saúde coletiva, do combate e controle das endemias rurais e das políticas de investimento nas pesquisas e na construção de um aparato social; e o segundo investia no *welfare building*, ou seja, a saúde individual e a previdência do trabalhador urbano, organizado de modo cooperativado nas Caixas de Assistência (Fonseca, 2003).

A saúde do trabalhador, enquanto força produtiva, transformou-se, assim, em ponto central da política nacional de saúde no governo de Getúlio. Cabia às Caixas de Aposentadoria e Pensões suprir as necessidades sociais

---

14 O desfecho desse processo, com a escolha do mineiro Francisco Campos, representou a tentativa do governo Provisório de Getúlio na conciliação com as divergências políticas em Minas Gerais. De um lado as oligarquias tradicionais locais e, de outro, o grupo tenentista, objeto da gratidão, pela defesa do poder do governo federal. É interessante notar que, nos 15 anos do governo Vargas, todos os que estiveram à frente do Ministério da Educação e Saúde Pública eram mineiros.

para a manutenção da saúde do trabalhador, assim como sua recuperação e reintegração ao trabalho. Esse cenário possibilitava a inclusão do Brasil entre as nações que se ajustavam à biopolítica da Organização Mundial da Saúde (OMS), que recomendava a gestão da saúde sob responsabilidade do Estado (Duarte, 2009: 49).

Não foram poucas as dificuldades encontradas na execução dessa política centralizada, que reunia as funções de planejar, implementar e controlar ações dirigidas a situações tão diferenciadas. A dimensão do território nacional, aliada à especificidade das moléstias que o assolavam, tanto nas cidades como nos sertões, além das condições sociais variadas, exigia um enorme esforço normativo, sempre claudicante. Ainda assim, alicerçado na "ideologia do progresso ligado à autoridade da ciência e tecnologia", o modelo de governo centralizador autoritário parecia, àquela altura, a melhor saída para o desenvolvimento (Luz, 2000: 298).

Vale dizer, apesar das medidas arbitrárias implementadas ao longo de seu governo, Getúlio Vargas tinha sobre o Congresso uma influência limitada, já que dependia dele para aprovação de seus projetos. Era importante que a política pública de saúde reformulasse e ampliasse os serviços existentes e construísse um novo modelo de relação entre a União e os estados. Dentro desse cenário é que foi apresentado e debatido o projeto de reforma do MESP. "A política de saúde pública foi definida a partir de critérios que privilegiaram uma centralização normativa acompanhada por uma descentralização executiva, criando mecanismos que fortalecem a presença federal nos estados como contraponto aos interesses privados regionais" (Lima *et al.*, 2005: 43).

Assim foi que, apenas após anos de negociações políticas que envolviam interesses das oligarquias mineira e paulista, Vargas conseguiu a instauração do Ministério da Educação e Saúde Pública (MESP)[15] e a nomeação de Capanema[16] (Lima *et al.*, 2005: 40-41). A carreira política de Capanema firmou-se por

15 Sobre a criação e implantação do MESP, v. Fonseca, 2007.

16 Gustavo Capanema, intelectual e político, formado em direito pela Faculdade de Minas Gerais, tornou-se figura complexa e paradoxal, exercendo inestimável influência na definição ideológica das políticas públicas do período. Para isso, mantinha uma teia de colaboradores e relações pessoais, que incluía intelectuais de esquerda em pleno Estado Novo, incentivando a convivência entre a ditadura e os movimentos reformadores, como, por exemplo, o modernismo (Schwartzman *et al.*, 2000). Colocado à frente do MESP e depois do MES, entre 1934 a 1945, Capanema representou o reconhecimento do governo provisório de Getúlio, a participação da igreja e de Minas Gerais na base governista (Gomes, 2000). Capanema desenvolveu uma administração definida como "modernização conservadora" (Fonseca, 2007: 112).

meio das alianças com os principais grupos de interesse no campo da cultura, particularmente com os católicos, como também com um largo espectro de intelectuais e artistas de todos os matizes ideológicos (Fonseca, 2007: 112).

Em 1931, a reestruturação do MESP havia criado sete repartições e quatro departamentos nacionais independentes, sendo três deles referentes à área da saúde[17]. Um deles, o Departamento de Assistência Pública, transformou-se no ano seguinte em Diretoria Nacional de Saúde Pública (DNSP). Em 1935, um ano após assumir a pasta, Capanema encaminhou ao Congresso uma ampla reforma para o MESP, alterando sua estrutura administrativa, a fim de ampliar as ações federais de saúde em todo o território nacional (Hamilton e Fonseca, 2003). A aprovação do projeto de Gustavo Capanema de 1937 para o novo Ministério da Educação e Saúde (MES) estabeleceu-se como um marco em relação aos princípios que conduziram o projeto político-ideológico do governo Vargas: "orientado para a formação de um novo homem, de um novo cidadão brasileiro e uma nova organização dos serviços de saúde" (Gomes, *apud* Fonseca, 2007: 137).

Para colocar em prática essa estrutura, foi preciso treinar pessoal especializado, criar novas carreiras, elaborar leis, regulamentos e códigos, além de promover a adaptação das equipes às características do novo modelo econômico, da nova vida urbana e da nova sociedade. Tais circunstâncias implicaram uma verticalização das decisões políticas, aliada à segmentação da execução das ações, cujos objetivos incluíam a atenção às agendas de debates de fóruns internacionais, as condições da realidade brasileira, a ideologia no projeto de governo, além dos seus interesses no cenário político social. Esse modelo hierárquico de gestão pública, que aliava a centralização normativa e a descentralização executiva, predominou também na área da saúde, com uma concepção "intervencionista", "militante" e "aplicada", que se definia como desenvolvimentista, deixando em segundo plano as exigências de caráter científico (Miceli, 1979: 84).

A reforma que promoveu a criação do MES (1937-1953) contou com a eficiente e segura administração de Barros Barreto à frente do Departamento Nacional de Saúde (DNS) até 1945 (Hamilton e Fonseca, 2003), o que,

17 Departamento de Ensino, Departamento de Saúde Pública, Departamento de Medicina Experimental e Departamento de Assistência Pública (Fonseca, 2007: 116).

segundo a pesquisadora Nísia Trindade Lima, "implicou a verticalização das ações de saúde, a centralização e a ampliação da base territorial da ação do governo federal. A análise do organograma do DNS, após a reforma, indica a segmentação das ações em serviços nacionais voltados a doenças específicas" (Lima *et al.*, 2005: 45).

Assim, a administração de Barros Barreto (DNS) se caracterizou pela forte direção do Estado como presença no interior do país, pela implantação de sistemas distritais de saúde e criação dos serviços específicos que promoveram a profissionalização e especialização nas diversas categorias profissionais ligadas às necessidades específicas das diferentes doenças. Foi nesse período que se deu o início das especializações, destinadas à individualidade e à qualificação dos profissionais para determinada produção. Entretanto, ressalte-se que é desse período a declaração de Capanema sobre um modo particular de se tratar do individual. Sua mensagem reforça o alcance da Saúde Pública, ressituando a função da especialização.

> **À saúde pública não interessa o caso individual, seja um caso de doença, seja qualquer outra situação especial relativa à saúde ou ao corpo. O caso individual só interessa à saúde pública se puder afetar a coletividade, se for capaz de pôr a coletividade em perigo. Fora disso, dele não se ocupará a saúde pública (Acervo Gustavo Capanema, doc. GC. 34.06.2)[18].**

Assim, a partir da I Conferência Nacional de Saúde, em 1941, já sob o regime do Estado Novo, Capanema complementou as mudanças propostas anteriormente e realizou uma segunda reforma, na qual saiu fortalecido o DNS. Subordinados a este, foram criados os Serviços Nacional da Peste; de Tuberculose; de Febre Amarela; do Câncer; de Lepra; de Malária; de Doenças Mentais; de Educação Sanitária; de Fiscalização da Medicina; de Saúde dos Portos e os Serviços Federal de Bio-Estatística e Federal de Águas e Esgotos.

A partir de então, as necessidades e estratégias políticas se fizeram sentir mais fortemente em detrimento do agendamento de questões tecnocientífi-

---

18 A relação completa das referências bibliográficas desta pesquisa, assim como a documentação pesquisada, está disponível na Biblioteca do Programa de Pós-Graduação de História das Ciências e da Saúde, COC-Fiocruz: Melloni, T. *O Movimento Psicanalítico no Rio de Janeiro (1937-1959): um processo de institucionalização*, 2009. Dissertação (Mestrado). Programa de Pós-Graduação de História das Ciências e da Saúde, COC-Fiocruz, Rio de Janeiro, 2009.

cas. É o que podemos perceber no discurso de Capanema, dirigido a Getúlio Vargas, por ocasião da inauguração de mais um núcleo integrado à Colônia Juliano Moreira – o Hospital Teixeira Brandão.

> **Enfim, Sr. Presidente, não quero dizer neste momento sinão palavras mais circunstanciadas sobre a obra que V. Ex. está realizando no terreno da assistência aos psicopatas.**
>
> **Quando assumiu V. Ex. o governo, que era este problema no Brasil? Na capital da República, era aquilo que já havia sendo conhecido como uma tradição de desmazelo, desordem e calamidade, a velha casa da Praia Vermelha era o desafio permanente à opinião pública, o insulto aos nossos foros futuros de cultura e uma triste nódoa na civilização da nossa cidade. V. Ex., impressionado vivamente com essa situação, determinou a construção de unidades hospitalares, que pudessem ser a sede dos doentes entregues à impiedade daquela repartição. E o Ministério da Educação, atendendo à recomendação de V. Ex., entrou a fazer esta obra, começando a realizá-la na Colônia Juliano Moreira. Aqui existia, desde 1913 a 1930, uma tentativa de trabalho para organizar uma colônia, onde os loucos pudessem viver com o contacto do trabalho e da natureza. Mas, de 1913 a 1930, apenas conseguiram os Governos anteriores instalar 700 leitos, que hoje constituem a porta de entrada da Colônia. V. Ex. determinou que as obras se fizessem com maior celeridade e, assim, em 1935, iniciamos a construção de um segundo núcleo nesta Colonia [...] no ano 1938, inauguramos o núcleo Ulisses Viana, também com 640 leitos [...] E hoje dois anos depois, inaugura-se este terceiro nucleo [...] (Discurso de Capanema em 31/08/1940).**

A seguir veremos como o Brasil, recém-engajado na conquista de um lugar entre os países em desenvolvimento, sofreu as transformações do período pós-guerra que introduziram novos valores e padrões de conduta, assim como provocaram novas relações internacionais. As novas exigências da sociedade e suas relações internacionais redefiniram os conceitos de desenvolvimento, saúde e bem-estar para a população do país (Miceli, 1979). Desse modo, podemos compreender como a interpretação das ideias de Freud, no ventre da psiquiatria local, sofreu influências distintas a partir de interesses institucionais e locais e de preocupações políticas que circulavam nas instituições de saúde mental em cada período.

Reajustes no enquadre (1946 – 1959)

O fim da Segunda Guerra Mundial, a queda da ditadura Vargas, o surgimento de uma nova tensão política internacional – Estados Unidos e União Soviética –, além das transformações socioeconômicas internas do país, redistribuíram os conflitos, com efeitos sobre as demandas no âmbito da Saúde Pública. Ainda durante a guerra, programas de incentivos econômicos[19], especialmente para a assistência social e a saúde, foram lançados na onda de um clamor mundial por valores democráticos.

Além disso, as transformações do mundo pós-guerra, no tocante ao sistema de produção, à estrutura econômico-social da população e ao novo cenário de distribuição do poder entre as nações, introduziam novos padrões de conduta, novos valores e conflitos na população. Em 1950, a Organização Mundial de Saúde (OMS) e a Organização Pan-Americana de Saúde (OPAS) redefiniram o conceito de saúde como "o bem-estar físico, mental, psíquico e social", introduzindo um novo paradigma de intervenção terapêutica. Tratar não se resumia a retirar o sintoma, significava também planejar melhores condições de vida e prevenir a instalação de "distúrbios, desvios e condutas marginais" (Duarte, 2009: 84). "O preventivismo americano produziu um 'imaginário de salvação' que se espalhou por outros países da América Latina, inclusive o Brasil, onde a assistência comunitária deveria ter um papel central (Duarte, 2009: 85).

A queda de Getúlio sob o golpe de 1945, a eleição de Eurico Dutra e a promulgação de uma nova Constituição em 1946 produziram um deslocamento de alianças não só entre os partidos, como também no interior de cada um deles[20], isto é, na dinâmica do funcionamento da estrutura partidária em

19 O SESP – Serviço Especial de Saúde Pública, criado em 1942, com o apoio do Instituto de Assuntos Interamericanos – Iaia e o plano Salte (saúde, alimentação, transporte e energia), criado em 1948.

20 Os novos partidos assumiram uma dimensão nacional: o Partido Social Democrático (PSD), sob a chancela de Vargas, manteve o controle sobre a máquina político-administrativa regional, a União Democrática Nacional (UDN) congregou a elite excluída de oposição a Vargas e o Partido Trabalhista Brasileiro (PTB) surgiu da representação sindical do operariado.

suas relações com o governo. Se isso deu a Dutra razoável governabilidade, acabou por devolver o governo a Vargas (Hamilton e Fonseca, 2003: 5-6).

A discussão em torno do binômio pobreza e doença voltou à cena: uns a favor de uma economia desenvolvimentista que, a partir de maior incentivo às atividades de produção agrícola e industrial, pudesse melhorar as condições de saúde; outros defendiam a inclusão da saúde no planejamento estatal de desenvolvimento. Entretanto, o valor da doença para a economia do país e a necessidade de combate às endemias rurais eram uma certeza, conforme mostra a mensagem que o presidente Eurico Dutra dirigiu ao Congresso Nacional em 1949:

> **As condições sanitárias de um país circunscrevem-lhe rigidamente o desenvolvimento econômico-social. No caso do Brasil – onde talvez se processe, como já foi assinalada por tantos estudiosos, a maior experiência conhecida de adaptação da civilização européia a um ambiente tropical – a melhoria geral das condições sanitárias e o desenvolvimento econômico-social são, verdadeiramente, termos co-extensivos do mesmo problema, isto é, a asseguração de possibilidades de progresso (Brasil, 1949: 127).**

Por outro lado, a relação que desde 1930 o governo Vargas mantinha com a Alemanha tornou-se uma crescente preocupação para os Estados Unidos, na mesma proporção em que a propaganda e a ocupação nazista avançavam na Europa. Para os americanos a necessidade de uma política de cooperação entre os países da América do Sul tornava-se uma questão de segurança e autonomia para as Américas (Santos, 1985).

Assim o Brasil, desamparado pelo modelo alemão, então falido, com uma política turbulenta, uma economia carente e seduzido pelas promessas de uma parceria rumo ao desenvolvimento, procurou afinar seu discurso de políticas públicas com os Estados Unidos (Campos, 2000: 209).

Essa política de cooperação, embora atenuada pela diplomacia de Capanema, na tentativa de afinar os interesses distintos dos dois governos, estabeleceu uma série de acordos interamericanos na área da saúde, contribuindo radicalmente para a reversão da posição de governo em relação à sua parceria com a Alemanha. Ao Brasil interessava alavancar o desenvolvimento econômico, e aos Estados Unidos, a instalação de bases militares no Nordeste, considerado região estratégica (Campos, 2006: 93-94).

Esse não era o único foco de debate que marcou a conjuntura política da área da saúde a partir de 1945 e que antecedeu a criação da nova pasta – o Ministério da Saúde (MS) – em 1953. O caráter democrático das discussões, desviando para o Legislativo o centro de decisões, marcou a dinâmica das estruturas institucionais públicas, como também das representações sociais. Os partidos políticos, sem desfazer seus laços com as lideranças regionais, representavam agora, também, os interesses de grupos estabelecidos em âmbito nacional (Hamilton e Fonseca, 2003). Principalmente no Rio de Janeiro e São Paulo, essa mudança de perfil influiu decisivamente no processo de institucionalização das novas ciências sociais, formando um paralelismo entre a configuração das demandas políticas e a formação dos praticantes das novas disciplinas (Miceli, 1979).

A dificuldade na aprovação do projeto de lei que criaria o Ministério da Saúde (MS) separado do da Educação é uma mostra exemplar das tensões entre as diferentes forças políticas, dentro dos próprios partidos. Não havia consenso em relação ao formato institucional entre os sanitaristas e os partidos políticos, ou seja, entre as demandas originadas das representações de caráter técnico e as políticas (Fonseca, 2007).

Com o encerramento da Assembleia Nacional Constituinte (1946), a questão da criação do MS atravessou longo debate cujo principal foco era o formato institucional e sua área de abrangência, de forma a atender a distribuição de poder estabelecida pela nova Constituição (Hamilton e Fonseca, 2003).

Foi assim que, antecipando-se à iniciativa do poder executivo de encaminhar um projeto para a criação da nova pasta, o poder Legislativo, na época constituído por uma maioria de médicos e sanitaristas, apresentou o projeto nº. 315 de 1950 de autoria de Rui Santos para a criação do Ministério da Saúde.

Em 1951, Getúlio Vargas voltava ao poder, agora por meio de sufrágio popular. Com o objetivo de fortalecer sua base de sustentação no Congresso e o intuito de amenizar disputas em torno do seu projeto de governo, decidiu realizar novamente uma ampla reforma administrativa e nomeou para tal uma Comissão Interpartidária para a Reforma Administrativa – a CIRA. Assim, o segundo governo Vargas (1951/1954), ao lançar um programa de reestruturação do Estado, incorporou o projeto de criação de uma nova pasta ministerial para a saúde, que encontraria no Legislativo espaço para uma discussão voltada para múltiplos interesses e negociações (Luz, 2000).

Entretanto, o ano de 1953 foi marcado por uma série de acontecimentos que provocaram a interrupção de laços e acordos partidários, ameaçando a liderança de Getúlio[21]. Vargas necessitou urgentemente de uma reforma administrativa para atender às exigências da coligação partidária. Enquanto isso, uma frente multipartidária de senadores pedia urgência na votação do projeto 85 de 1950, que tratava da criação do Ministério da Saúde (Hamilton e Fonseca, 2003)[22].

Foi neste clima de tensão política, com um poder executivo fragilizado perante o legislativo, que foi aprovada em caráter de urgência a lei 1.920 de 25 de julho de 1953, criando o Ministério da Saúde[23].

Hamilton e Fonseca consideram que tal fato deve ser considerado um marco na história da política de saúde no Brasil, na medida em que, apesar da separação entre os serviços das duas áreas, não alterou significativamente o funcionamento e o desenho institucional existentes, mas envolveu estruturas político-partidárias que se incorporaram definitivamente à definição das formas de gestão das políticas de saúde no Brasil (Hamilton e Fonseca, 2003).

Foi a partir desse cenário que a construção de um modelo de saúde pública serviu-se da contribuição da medicina e da psiquiatria para orientar suas ações políticas. Foi nesse embalo que as teorias freudianas foram incorporadas aos recursos para a compreensão do mental e as duas instituições psicanalíticas que cuidaram da formação oficial de analistas no Rio de Janeiro – a Sociedade Brasileira de Psicanálise do Rio de Janeiro (SBPRJ) e Sociedade de Psicanálise do Rio de Janeiro (SPRJ) –, que até há muito pouco tempo[24] serviram de parâmetro único para a definição do que constituía a

---

21 Distúrbios na economia internacional, alteração na política de cooperação econômica dos Estados Unidos para com a América Latina, a vitória esmagadora de Jânio Quadros para a prefeitura de São Paulo, despontando como líder populista e carismático de oposição.

22 Esse projeto, de autoria do senador Rui Santos, desde 1950 não entrava na pauta para votação.

23 Sobre os agentes e variáveis que tiveram influência no processo de constituição do MS, ver Hamilton e Fonseca, 2004.

24 Em 1950, foi fundada a Sociedade Psicanalítica Iracy Doyle – SPID, atualmente Instituto de Medicina Psicológica – IMP, e, em 1969, o Círculo Psicanalítico do Rio de Janeiro, ambas sem ligação com a IPA (Serio, 1998). A partir de 1970, com a regulamentação da profissão de psicólogo em 1962, o êxodo da psicanálise na Argentina e o surgimento da teoria lacaniana na França, vários grupos de formação em psicanálise se organizaram como instituições (Facchinetti, 2008).

prática e a teoria psicanalíticas, surgiram, respectivamente, em 1955 e 1959 e foram fortemente permeadas pelo processo político. Mas isso será retomado de modo mais detalhado no Capítulo 3.

Capítulo 2
O Cenário : a medicina mental no país e seus destinos na Assistência

*T*anto as ciências em geral como a medicina e a psiquiatria do período foram profundamente marcadas pelo campo das articulações políticas em torno dos interesses nacionais da época; e esses laços influenciavam seu campo de investigação e suas teses. Concordando com nossa hipótese, é o que nos diz Magali Engel: "Entre os temas privilegiados pelos alienistas e psiquiatras brasileiros na construção de atos, atitudes, hábitos, comportamentos, crenças e valores 'desviantes', figuravam, por exemplo, a civilização, a raça, a sexualidade, o trabalho, o alcoolismo e a contestação política. [...] abrangentes à noção de 'anormalidade'" (Engel, 1999: 548).

A maioria dos autores[1] que estudam a construção da psiquiatria brasileira na época considera Juliano Moreira[2] e as reformas por ele introduzidas

---

1 Cf. Costa (1979); Lougon (2006); Engel (1998/1999); Machado (1978); Porto Carrero (2002); Oda e Dalgalarrondo (2000) e Venancio (2003).

2 Juliano Moreira graduou-se como médico em 1892 na Bahia e, entre 1895 e 1902, estudou na Europa, quando frequentou os maiores mestres da psiquiatria na Alemanha, França, Inglaterra, Itália e Escócia (Oda e Dalgalarrondo, 2001: 127). Ao retornar, assumiu entre 1903 a 1930 a direção do Hospital Nacional de Alienados (HNA), promovendo ampla reforma da assistência psiquiátrica. Seu prestígio institucional fez com que fosse chamado, em 1923, à presidência de honra da LBHM (Venancio e Facchinetti, 2005: 358). Instituiu o método teórico-clínico alemão, de inspiração kraepeliniana, cuja abordagem baseava-se no conjunto de observações anatomopatológica, etiológica e clínica evolutiva da loucura. Seu desempenho à frente do HNA marcou o despontar de um novo modelo de assistência psiquiátrica não só no cotidiano do hospício, mas também influenciou os estudantes de psiquiatria que realizavam sua prática. Moreira congregou em torno de si nomes da psiquiatria que mais tarde vieram a ocupar lugar de destaque nos quadros administrativos da saúde pública e mental do país. Como veremos no Capítulo 3, alguns deles estão fortemente vinculados ao processo de institucionalização da psicanálise: Antonio Austregésilo, Carneiro Ayrosa, Porto-Carrero e Adauto Botelho (Ponte, 1999: 27).

o mais forte exemplo do cruzamento da história da psiquiatria com as projeções da *inteligentsia* sobre o modelo de nação e de povo brasileiro.

Portanto, destacaremos a figura de Juliano Moreira que, à frente do Hospital Nacional de Alienados (HNA), empreendeu uma reforma na Assistência ao Alienado e consolidou a especialidade no Brasil. Apoiados em Tighet (1997), passamos agora a estudar como a criação do Serviço de Assistência ao Psicopata, os novos conceitos sobre os problemas mentais e a ampla revisão nos métodos de tratamento abriram uma nova mentalidade dentro e fora da comunidade científica da época.

No início do século XX, quando recebeu a seu encargo os asilos superlotados que Teixeira Brandão já denunciara ainda na década de 1890, Moreira procurou modernizar a prática asilar, desenvolvendo uma forma de tratamento com base na clínica e na observação que permitisse a identificação das diferentes entidades nosológicas, com base na teoria de Kraepelin (Venancio e Facchinetti, 2004).

Utilizou o método de observação do doente e da evolução da doença, associado aos sinais clínicos, à anatomia patológica e à etiologia, fatores que tomados isoladamente seriam insuficientes. Dizia ele: "O ensaio nosographico de Kraepelin tendo por base a *clínica* e sobretudo a *evolução* das psychoses merece a attenção dos practicos visto como é muito avantajado o espirito de observação do auctor e não menos seu grande amor à verdade" (Moreira e Peixoto, 1905: 205).

Moreira, que na sua viagem à Europa havia estudado com Kraepelin, tornara-se seu seguidor e acreditava que a observação do doente ao longo do tempo, tal como propunha, produziria o conhecimento das causas, sinais e evolução dos quadros clínicos, do começo ao fim da moléstia, possibilitando levantar os elementos necessários a seu agrupamento com fenômenos análogos (Moreira e Peixoto, 1905).

Tendo por base a clínica, utilizava-se da "Classificação de molestias mentaes do professor Emil Kraepelin", a qual "modificava" e "adaptava" à realidade brasileira. Com seu apoio, Moreira pretendia que fosse possível esclarecer ainda mais agudamente os limites da patologia no âmbito de uma "população de alienados", permitindo discernir entre degenerados, criminosos, imbecis e débeis mentais (Moreira, 1905). Propôs ainda uma terapêutica medicamentosa específica e o modelo terapêutico institucional das colônias, além do *open-door*, a praxiterapia e o regime hetero-familiar[3] (Moreira e Peixoto, 1905).

À frente do HNA, Moreira foi o responsável pela consolidação da psiquiatria como disciplina científica autônoma, influenciando uma geração de profissionais de expressão na medicina brasileira[4]. Sua proposta de reforma incluía a pesquisa experimental, o uso de laboratórios de anatomia patológica e de bioquímica, bem como especialistas em clínica médica, pediatria, oftalmologia, ginecologia e odontologia, assim como o treinamento de enfermeiros no hospício (Oda e Dalgalarrondo, 2004: 127). O asilo não deveria ser só uma instituição para o tratamento moral do doente, mas um espaço onde seria introduzido um sistema de cura da doença.

A figura de Juliano Moreira destacou-se por sua participação política, científica e administrativa à frente do HNA. Sua biografia em muito contribui para esclarecer esse desempenho, pois, ao retornar de seus estudos na Europa[5], divulgou suas ideias sobre modelos de Assistência Psiquiátrica, formando em torno de seu nome uma escola de jovens psiquiatras. Ele e seu grupo, apoiando-se nas propostas dos políticos a favor do saneamento, ao liderarem o campo da assistência e da política voltada para os alienados no país, buscaram enfatizar a falta de saúde e educação da população como os principais motivos de adoecimento mental. Assim, a influência de Juliano Moreira fez com que parte da psiquiatria local repudiasse a miscigenação como fonte de uma hereditariedade nefasta (Venancio e Facchinetti, 2003).

Afirmando que as condições de vida da população eram decisivas para a saúde mental do brasileiro, Juliano fez com que essa reforma representasse os primeiros passos no sentido de estabelecer a responsabilidade do Estado com uma política de saúde mental. Começou a ser implantado, então, um plano

3 Este último só foi posto em prática em 1924, com a criação da Colônia Juliano Moreira. Para o projeto do regime hetero-familiar, que já estava nos planos de Juliano desde que assumiu a direção do HNA, em 1912, o governo já havia desapropriado o terreno do antigo engenho em Jacarepaguá. A localização foi determinada não só pela extensão do terreno, pela qualidade da terra que se prestaria ao trabalho agrícola e pela situação geográfica, que, afastada da zona urbana, permitia o "relaxamento" do doente (*apud* Venâncio, 2008: 6), como também pela proteção oferecida quanto aos fatores nocivos da civilização (Stepan, 2004).

4 Ulisses Vianna, Heitor Carrilho, Henrique Roxo, Fernandes Figueira e Miguel Pereira, além dos já citados Antonio Austregésilo, Carneiro Ayrosa, Porto-Carrero e Adauto Botelho (Oda e Dalgalarrondo, p. 127). Foram discípulos de Juliano: Maurício de Medeiros, Afrânio Peixoto, Heitor Carrilho, Odilon Galotti (Venancio, 2005).

5 Estudos que, conforme já dissemos, se pautavam pela escola organicista alemã (Oda e Dalgalarrondo, 2000).

de investimento nas ações de saúde pública e, dentro delas, os programas de saúde mental.

Como dissemos anteriormente, a comunidade científica do início do século XX, acreditando na constituição inferior do povo e com o objetivo de atender aos anseios do discurso sanitarista, proclamava medidas de controle da degeneração da população, a fim de reverter o quadro de "deterioração da constituição física e moral do brasileiro" (Teixeira, 1997: 234).

O conceito de *anormalidade* (psicopatia, como era nomeado no período) foi ganhando contorno como uma categoria que se colocava no campo da patologia e aos cuidados da medicina mental. Nesse sentido, a etiologia da doença era compreendida a partir de um referencial em que se atribuía ao cérebro uma lesão morfológica ou histológica. Ressentindo-se com a escassez de seus achados, a psiquiatria cedeu lugar ao discurso higienista e passou a considerar os caracteres exteriores, chamados de estigmas degenerativos[6], como sinais da presença da degeneração (Lougon, 2006: 64).

Mas Juliano Moreira insistira na necessidade da intervenção do Estado por meio da educação, higiene e saneamento como forma de prevenir o surgimento das doenças mentais na então chamada população de risco. Assim, com base na sua experiência frente ao HNA e analisando as políticas de controle da imigração de países como os Estados Unidos e a Inglaterra, ele se posicionou de modo bem distinto em relação ao Brasil (Venancio, 2003: 362). Juliano Moreira utilizou-se da ideia de prevenção da *degenerescência* para defender que os manicômios e outros estabelecimentos de assistência a psicopatas representam um papel nada desprezível na profilaxia das doenças nervosas e mentais (Moreira, 1925/2004: 367).

Sua posição teórica, formadora da ciência psiquiátrica da época, considerava que o meio social no qual o indivíduo se desenvolve é fator participativo na constituição da doença, entendida não só como degenerescência hereditariamente transmitida, mas também como conjunto de qualidades físicas, cerebrais e morais adquiridas em ambiente de desordem social. Os costumes e a educação, o comportamento sexual, a atitude diante do trabalho, o fanatismo religioso e a contestação política poderiam ser considerados produtores de manifestações de perturbação mental. Esse enfoque explicita a

6 Sinais como conformação do crânio, tamanho da orelha, implantação dos dentes, etc.

relação da doença com características da civilização, permitindo até mesmo considerar padrões de anormalidade exclusivos para determinados segmentos culturais (Engel, 1999: 548-560).

Suas buscas para regenerar o brasileiro pareciam-lhe obstacularizadas pelas dificuldades econômicas que limitavam as reformas no sistema de assistência[7]. Moreira denunciava também que mesmo tais medidas seriam ineficazes, caso o Brasil continuasse com uma política de imigração descontrolada. Ou seja, o critério racial em nome do branqueamento da população não evitava a entrada de indivíduos considerados "maus brancos" que poderiam multiplicar o caráter degenerado por meio de sua prole no país. Assim, para Juliano, "De nada nos servirá envidar esforços no sentido de melhorar as condições de saúde física e mental de nossa gente, se tivermos sempre a chegar novas levas de tais indesejáveis" (Moreira, 1925/2004: 364).

Mas, no final da década de 1920, quando a crise econômica mundial reduziu bruscamente a imigração branca para o Brasil, acirrou-se novamente a tensão entre uma eugenia negativa e racista e a psiquiatria de Juliano. Sua proposta, fundamentada na análise individual de cada caso – as condições físicas, a constituição cerebral e nervosa, assim como a história familiar –, identificando as prováveis ocorrências de degeneração, visava proteger as futuras gerações e também minimizar o ônus dos cofres públicos. Para Juliano, os prejuízos de uma hereditariedade perigosa estavam relacionados à dimensão do patológico e não da raça (Venancio, 2003: 360-362). Não é à-toa que justamente em meio a tais turbulências foi aposentado e afastado do HNA.

Prevenir é melhor que remediar

Da mesma maneira que os avanços no campo da microbiologia permitiam a eleição de medidas terapêuticas e conquistaram, para a medicina, autoridade suficiente para prevenir a contaminação e afastar as epidemias na medida em que se identificavam os agentes causadores das doenças infectocontagiosas,

7 Ver relatórios do Serviço de Assistência aos Psicopatas - SAP (1927) sobre a falta de verbas para viabilizar o projeto (cf. nota 18 do primeiro capítulo).

assim também Moreira desejava evitar a transmissão das psicopatias e sonhava com o desaparecimento, no futuro, dos asilos (Lougon, 2006: 64).

Se o asilo superpopuloso não era mais a solução, era preciso criar novas frentes para abordar a loucura. Por outro lado, as preocupações com o que se considerava caráter degenerado do povo brasileiro, os anseios de uma ordem social e o surgimento de teorias científicas sobre a hereditariedade favoreciam a forte aliança no meio científico entre as ideias da psiquiatria, da higiene e da eugenia (Ponte, 1999).

Ao longo da década de 1920, o foco de ação da psiquiatria deslocara-se, portanto, da cura para a prevenção, do patológico para a anormalidade, do individual para o coletivo. Os meios preventivos pareciam mais eficazes do que os terapêuticos, e, portanto, a conduta a ser adotada deveria seguir esse modelo.

Para tanto, o apoio da higiene mental e da eugenia foi fundamental no período. Uma forte associação da psiquiatria com a higiene mental levou para dentro da LBHM figuras importantes do grupo de profissionais que formavam a nata da psiquiatria da capital, como Afrânio Peixoto, Henrique Roxo, Antonio Austregésilo, Heitor Carrilho, Ulisses Viana e o próprio Juliano. A LBHM, além de oferecer à psiquiatria uma concepção altamente cientificista, pautada na crença de uma ciência verdadeira e universal, era capaz também de responder às demandas de uma determinada cultura social (Costa, 1976: 15 e 17).

Nesse sentido, a ação terapêutica deveria atuar antes do surgimento de sintomas, isto é, no indivíduo presente nas escolas, no trabalho e na família. Foi a LBHM que deu esse colorido à assistência psiquiátrica, através de uma rede de ambulatórios e clínicas de higiene mental[8], serviços abertos para psicopatas, escola de enfermagem, onde se treinavam visitadoras sociais, um laboratório de psicologia e até uma clínica de psicanálise (Costa, 1976: 27)[9].

Por ocasião da sua fundação, em 1923, o objetivo da LBHM era encontrar medidas e recursos que contribuíssem para a assistência aos doentes mentais. Atendendo à demanda popular, no sentido de criar modelos de prevenção contra a degeneração da "raça brasileira", a Liga apoiou-se na eugenia

8 O primeiro foi criado por Gustavo Riedel – fundador da LBHM, psiquiatra, sanitarista e higienista.

9 Criada por Porto-Carrero em 1926.

e passou a se afastar, portanto, da psiquiatria clássica, invadindo o domínio social por meio de práticas de intervenção educativas no âmbito do social. No entanto, o compromisso com a investigação biológica da origem da doença não foi esquecido e, por isso, a prevenção de motivação eugenista teve também fácil acolhida no seio das suas propostas. O estudo e a definição das medidas e recursos que tomassem o tratamento e a prevenção dos problemas com o mental eram o foco em torno do qual se reunia um grupo de cientistas e intelectuais da época (Costa, 1976: 28).

Como vimos no Capítulo 1, ao deslocar-se de São Paulo para o Rio de Janeiro, em 1920, o movimento eugenista alinhou-se com a LBHM, cujos objetivos voltavam-se para as preocupações nacionais de crescimento, desenvolvimento, educação e saúde. Assim fortalecida pelos ideais sanitaristas da época, a psiquiatria era considerada por Kehl, mais do que uma ciência, uma verdadeira religião da humanidade.

Com o apoio da psiquiatria alemã e da eugenia, a psiquiatria no Brasil buscou reunir as condições para atuar entre o campo biológico e o social; tratando da constituição física e mental da população, passou a se ocupar também, com o apoio da higiene mental, da profilaxia, buscando as condições sociais necessárias para o desenvolvimento saudável do cidadão. Acabou, desse modo, por servir de elemento articulador entre as interpretações ambientalistas e sanitaristas e as questões da transmissão hereditária (Ponte, 1999: 48).

No decorrer da década de 1920, a fundamentação neolamarckista da eugenia brasileira, contagiada pelo otimismo do espírito das reformas sanitárias, tornava-se uma metáfora da saúde. As campanhas educativas de combate ao alcoolismo, considerado o "inimigo da raça", realizadas pela LBHM desde 1927 até 1931 são prova disso (Stepan, 2004: 350).

Ao trazer à tona temas ligados à herança genética, como o casamento, a sexualidade, as doenças sexualmente transmissíveis e os papéis sexuais, assuntos tradicionalmente excluídos do discurso popular, a eugenia abriu espaço para a discussão de uma educação supostamente mais liberal da juventude, principalmente para a mulher (Stepan, 2004: 352).

Por ocasião da forte recessão de âmbito mundial, em 1929, a desaceleração do crescimento econômico e o desemprego produziram um redirecionamento das demandas sociais do país. Ao mesmo tempo, a esperança nas medidas preventivas de saneamento e educação cedeu espaço à desestabilização socioeconômica. O pessimismo e o determinismo das leis de Mendel[10] tomaram conta do cenário científico e o movimento eugênico, a partir dos contatos de Kehl com o Instituto de Berlim, sofreu maior influência da posição radical anglo-saxã – a eugenia negativa. Sendo assim, começou-se a considerar que as medidas higiênicas em nada poderiam contribuir para a regeneração dos caracteres hereditários, o que só poderia se dar por meio de uma eugenia mais extrema que consistiria no controle racional da reprodução (Stepan, 2004: 369).

A crescente valorização da cientificidade por parte da teoria mendeliana, ao longo da década de 1920, aliada às crises sociais que pareciam vaticinar a ineficácia das medidas sanitárias e educativas para a eliminação da degeneração no país, teve, para o grupo de Juliano, consequências bastante distintas daquelas propostas pelo grupo de Kehl[11]. Para este, a única solução seria a eugenia "negativa", ou seja, a esterilização de degenerados, o exame pré-nupcial obrigatório e o controle de natalidade (Stepan, 2004: 368).

Por meio de concepções mais restritivas e diretivas, o papel do psiquiatra, especialmente após o afastamento de Juliano Moreira da Assistência, passou a ser o de observar, conceituar, categorizar e intervir sobre o desviante. Entretanto, se o foco passava do coletivo para o indivíduo, seu corpo e as ações dentro da sua vida privada, o objetivo a ser atingido era a sociedade, o Estado e seu funcionamento ideal. Para a eugenia, no fim da década de 1920, só a reprodução planejada libertaria agora o homem do determinismo da herança genética (Facchinetti, 2006).

10 Ao contrário de Lamarck, Mendel afirmava que só os caracteres inatos e não os adquiridos poderiam ser transmitidos geneticamente.

11 A partir de 1929 Kehl começou a afirmar que as reformas higiênicas não alterariam as características genéticas hereditárias do brasileiro (Stepan, 2004: 365).

O Serviço Nacional de Doenças Mentais

Como vimos, tal como ocorreu com as ciências sociais (Miceli, 1979), o rumo da psiquiatria carioca no caminho do modelo científico dependeu tanto da relação que os cientistas estabeleceram com os poderes públicos quanto da estruturação do espaço dirigente e das dimensões acordadas entre as demandas sociais e a organização político-institucional em vigor. Assim, as propostas de intervenção no campo do mental foram incorporadas ao programa mais amplo de ações públicas de governo, desde que delineadas sob uma forma que pudesse também colocá-las a serviço das demandas e dos acordos entre as bases político-institucionais do período. Trabalhamos então com uma visão de duplo enquadre: as influências do direcionamento político-institucional sobre as demandas sociais e também a experiência com a condução dos problemas da população na direção do planejamento político (Rosenberg, 1992: XIII-XXVI).

O primeiro órgão designado para cuidar da assistência psiquiátrica, como vimos no capítulo anterior, havia sido denominado Assistência Médico-Legal a Alienados (dec. nº. 508 de 21/06/1890). Mais tarde, foi renomeado como Assistência a Psicopatas (dec. nº. 17805 de 23/05/1927), quando expandiu o atendimento àqueles que representavam risco de adoecimento. Foi apenas em 1941 que a assistência passou a estar subordinada ao Serviço Nacional de Doenças Mentais – SNDM (dec. nº. 3171 de 2/04/1941) (Engel, 2001: 258). Verificamos, assim, que a nomenclatura "alienado", que havia cedido lugar para "psicopata" (1927), foi então substituída em 1941 por "doença mental", refletindo um processo de mudança no modo como os problemas com o psíquico eram interpretados. O termo "assistência aos alienados", contemporâneo do Ministério da Justiça e Negócios Interiores, denotava preocupação com o isolamento e era inspirado no modelo alienista francês, ao passo que a noção de "psicopatia" indicava uma perspectiva científica e preventiva, voltada para o campo não apenas da alienação propriamente dita, mas também das anormalidades. Já o termo "doença mental", em que o organicismo kraepeliano se mostrava mais estruturado, apontava para uma concepção do mental que era antes de tudo a do organismo. O psiquiatra, tal como o médico interno, teria então o papel de cura das doenças biológicas – e não mais dos indivíduos.

O SNDM, em especial, merece um item à parte em nosso trabalho, não só pelo que representou para a construção de uma política de assistência ao doente mental no período, como também pela participação que tiveram tanto seu diretor, Adauto Botelho[12], como seus psiquiatras, no desenvolvimento da psicanálise no Brasil[13].

Esse órgão representou a centralização, no âmbito federal, da elaboração e execução de programas de assistência à saúde pública no campo do mental.

> **Em virtude do decreto n. 3.171, de 2 de abril de 1941, que reorganizou o Departamento Nacional de Saúde, foram extintos o Serviço de Assistência a Psicopatas do Distrito Federal e a Divisão de Assistência a Psicopatas, cujas atividades passaram a ser exercidas pelo Serviço Nacional de Doenças Mentais, sob a direção do Dr. ADAUTO BOTELHO, uma das figuras de maior relevo no campo da psiquiatria brasileira (*Arquivos do SNDM*, 1943: 7).**

Venancio (2008) descreve a criação do SNDM (1941), assim como a transferência do Instituto de Psicopatologia do SAP para a Universidade do Brasil, criando o IPUB (Dec. 591/1938), como marcos de articulação entre a assistência psiquiátrica e o planejamento e implantação de um modelo moderno de política de saúde.

Tendo à frente Adauto Botelho[14], seu primeiro diretor, que permaneceu no cargo até 1954, o SNDM, por determinação do decreto 8550 de 3/1/1946, ocupou-se de gerenciar, por meio de acordos com os estados[15], a

---

12 Adauto Botelho, psiquiatra, discípulo de Juliano Moreira, junto com Cincinato Magalhães, Elias Davidovich, Gladstone Parente e Odilon Galotti, foi, na década de 1930, um dos primeiros tradutores dos originais de Freud para o português (Serio, 1998). Esteve no período de 1941 a 1954 à frente do recém-criado SNDM, contribuindo de maneira decisiva para a institucionalização da psicanálise no Rio de Janeiro e incentivando a formação em psicanálise, tanto por meio de financiamento de bolsas de estudo no exterior como pela "importação" de psicanalistas da Europa, como veremos no Capítulo 3.

13 Sua história, no entanto, está para ser construída e a documentação que se encontra no Centro de Documentação e Pesquisa do Instituto Municipal de Assistência à Saúde Juliano Moreira (CDP – IMAS-JM) ainda precisa de tratamento arquivístico que possibilite um trabalho sistematizado de pesquisa. Diante, igualmente, da ausência de fontes secundárias sobre o tema e considerando que a historicização do SNDM foge aos objetivos mais estritos do presente trabalho, buscaremos apenas destacar aqueles aspectos que dizem respeito ao movimento psicanalítico no Rio de Janeiro e, principalmente, aqueles que influíram em seu processo de institucionalização.

14 Vale lembrar que Botelho fez parte da SPRJ, a primeira sociedade de psicanálise.

15 Esse programa baseou-se em levantamento diagnóstico que vinha se realizando desde 1937 em todos os estados; não

expansão da assistência psiquiátrica por todo o país. Esse programa promovia a construção de complexos hospitalares a partir do modelo de assistência hospital-colônia, ou simplesmente colônia, defendido desde 1910 por Juliano Moreira, que obedecia às mais modernas formas de funcionamento adequado ao tratamento do doente mental (Venancio, 2004).

As sugestões do Plano Anual Psiquiátrico para a ação supletiva da União (doc. GC 34.08.03 II-14 – CPDOC-FGV) previam o modelo macro-hospitalar em centros urbanos (Duarte, 2009: 120). Assim, a Colônia Juliano Moreira foi aparelhada para funcionar através de pavilhões integrados, tais como: internação para pacientes homens, para mulheres, para adolescentes, para tísicos, núcleo médico-cirúrgico, pavilhão para admissão, lavanderia, refeitório, cozinha, casas para empregados, residência do diretor, administração, pavilhões sociais, agrícolas, etc.

Para isso, as propostas empreendidas privilegiaram uma instalação que ocupava extensa área afastada dos núcleos urbanos, congregando várias estruturas físicas assistenciais[16]. Baseava-se em dois princípios terapêuticos: a praxiterapia e a assistência hetero-familiar (Venancio, 2008)[17].

Esse modelo, é bom lembrar, fora introduzido por Juliano Moreira entre 1903 e 1930, favorecendo o reconhecimento da psiquiatria na comunidade científica. Entendemos que a figura de Moreira, por seu empreendimento à frente do SNA[18], nas três primeiras décadas do século XX, conquistou lugar de grande autoridade científica no campo da psiquiatria. Tornou-se assim um "produtor cultural" (Duarte, 2009: 31) e, junto com seus discípulos, marcou decisivamente a política de saúde mental do país. Seus discípulos ocuparam, na década de 1940, os postos avançados à frente dos principais órgãos representativos da política de saúde mental – o SNDM e o IPUB –, a saber, Adauto Botelho e Maurício de Medeiros.

---

contou com a participação do Estado de São Paulo, já que este, além de apresentar "efeitos de uma transformação do processo de industrialização e urbanização diferenciado" (Miceli, 1979), contava com recursos próprios para fazê-lo. Ver relatórios de atividades – doc. SNDM cf. nota 18 do primeiro capítulo.

16 Serviços odontológicos, anatomopatológicos, oftalmológicos, hidroterápicos, praxiterápicos, lavanderias, cozinhas, escolas, etc.

17 Praxiterapia: tratamento com base na ocupação. Assistência hetero-familiar: convivência doméstica com famílias de funcionários do hospital, devidamente gratificados.

18 Como dissemos no Capítulo 2, o termo "alienado" foi substituído por psicopata em 1928.

Os relatórios anuais do SNDM expressam o intenso investimento financeiro na construção de unidades não só no Distrito Federal, mas também, por meio de convênios, nos estados. Seu primeiro diretor – Adauto Botelho –, que esteve à frente do órgão até 1954, sempre contou com total apoio governamental para duas das suas principais iniciativas: a construção de unidades hospitalares e ambulatoriais no Distrito Federal – e em todos os estados da União – e o constante treinamento e aperfeiçoamento de pessoal especializado. Quanto a esse apoio, como demonstramos a seguir, as fontes primárias encontradas na documentação do SNDM são fartas.

Ainda assim, no relatório de atividades do SNDM de 1951, Adauto Botelho denuncia dificuldades na implantação do modelo de assistência face ao crescimento contínuo da demanda por atendimentos nos serviços hospitalares e ambulatoriais, tanto no Distrito Federal como nos estados. Já no que se refere às condições de instalações e de pessoal, a documentação encontrada revela constante liberação de verbas especiais e o amplo incentivo do governo de Getúlio Vargas. Prova disso são os registros da presença de Getúlio ao lado de Capanema por ocasião das inaugurações dos hospitais psiquiátricos, assim como as publicações sobre políticas de saúde mental, anunciadas pelos representantes das instituições psiquiátricas mais importantes da época: o SNDM e a cátedra de Psiquiatria da Faculdade de Medicina da Universidade do Brasil (UB).

Por exemplo, em matéria publicada no *Correio da Manhã* e nos *Diários Associados*, Henrique Roxo[19], catedrático de psiquiatria da UB e consequentemente diretor do IPUB, declara sua posição sobre a política de assistência psiquiátrica necessária para o país: "Depois da guerra haverá uma polícia

19 Em 1904, com a separação entre a academia e a assistência psiquiátrica, por decreto governamental, Henrique Roxo passou a ocupar a cátedra de Psiquiatria no lugar de Teixeira Brandão, enquanto Juliano Moreira permanecia apenas à frente do HNA. Com isso, garantia-se o espaço para a Faculdade de Medicina desenvolver suas atividades docentes, subordinada, no entanto, à gestão do HNA. Com essa separação, gera-se uma disputa entre modelos de gestão, e o que se destaca é o implantado por Moreira. Em 1936, a pedido do DNS, Roxo realiza viagem de estudo sobre o modelo alemão de centro de pesquisa psiquiátrica com o objetivo de instruir a criação do Instituto de Psiquiatria da UB (1938). O vínculo com o HNA é mantido até 1944, já que os pacientes do Instituto de Psicopatologia são do Pavilhão Rodrigues Caldas, do HNA. Em 1941, Roxo encontra-se no SNDM com Adauto Botelho, que pertencera ao grupo de Moreira. Após sua saída do IPUB, Adauto Botelho o substitui. Apesar de pertencer à LBHM, nenhuma das publicações de Roxo se refere à higiene mental; ele privilegiava como método de tratamento as aplicações de insulina, a malarioterapia, a piretoterapia, a convulsoterapia por cardiazol, o eletrochoque e o tratamento por extratos de plantas medicinais brasileiras (Venancio, 2004).

O ministro Gustavo Capanema proferindo o seu discurso durante a cerimonia da inauguração dos hospitais do Centro Psiquiatrico Nacional, na presença do sr. Presidente da Republica

INAUGURADOS DOIS HO
DO CENTRO DE PSIQUIATRIA
Presidiu as solenidades o Chefe
O discurso pronunciado pelo ministr

Pelo sr. Presidente da Republica foram inaugurados, esta manhã, dois hospitais do Centro de Psiquiatria Nacional, no Engenho de Dentro, o primeiro destinado aos doentes agudos, com capacidade para 500 leitos e outro, para enfermos sub-agudos, com 300 leitos.

Esses dois estabelecimentos que entrarão em funcionamento, imediatamente, estão providos do mais moderno material e foram construidos de acordo com os preceitos tecnicos que a molestia exige. Não possue, por exemplo, grades e escadas. A comunicação entre os diversos pavimentos é feita através de rampas de cimento armado. Além desses dois hospitais está sendo construido, e será inaugurado brevemente, um edificio com oito pavimentos, com gabinetes medicos, laboratorios, raios X, biblioteca, discoteca, "auditcrium", oficinas, salas de fisioterapia, clinica cirurgica dermatologia sorologia, etc.

especializada de loucos"[20]. Apesar de não encontrarmos em suas publicações qualquer menção à assistência psiquiátrica ou à higiene mental, nesse mesmo

20 O período que antecedeu a Segunda Grande Guerra foi marcado por intenso debate sobre as consequências da guerra para a saúde mental da população. As manchetes dos principais jornais do Rio de Janeiro exibiam as entrevistas com as principais autoridades no assunto: Henrique Roxo, Alcyon Bahia, Adauto Botelho e suas ideias sobre a necessidade de intervenção nos hábitos da população, a fim de enfrentar as prováveis sequelas originadas pela guerra. Tanto a academia, na pessoa de Henrique Roxo, como a assistência representada pelo diretor do SNDM, Adauto Botelho, e um de seus funcionários, Alcyon Bahia, manifestaram sua opinião sobre o modelo ideal de política para a assistência psiquiátrica. Sobre isso, ver manchetes dos jornais *A Manhã* de 19/01/1944; *Correio da Noite* de 14/01/1044; *Diários Associados* de 14/01/1944 e de 2/12/1943; *Correio Paulistano* de 14/01/1944.

artigo Roxo se afirmava a favor de nova legislação e das medidas de prevenção para lidar com os efeitos do conflito no comportamento adaptativo. Reforçava então a aliança com a Liga Norte-Americana de Higiene Mental e a Liga Pan-Americana de Saúde (*Correio da Manhã*, 2/12/1943).

Já Alcyon Bahia[21] e Adauto Botelho, no jornal *A Manhã* de 19/01/1944, também enalteciam a iniciativa do SNDM, que sob o modelo macro-hospitalar, organizado em unidades interdependentes, oferecia atendimento de forma integrada para os diferentes níveis de manifestação e de necessidades dos doentes mentais.

Em 14 e 19/01/1944, igualmente, a maioria dos jornais do Rio de Janeiro fez circular, em primeira página, fotos[22] do Presidente Getúlio Vargas, do Ministro Capanema e do diretor do SNDM – Adauto Botelho, com as notícias da inauguração de dois hospitais, ambos no Centro Psiquiátrico Nacional no Engenho de Dentro: o primeiro para pacientes subagudos, com 300 leitos, e o segundo para pacientes agudos, com 500 leitos (Doc. SNDM).

Tal panorama indica que o SNDM estava buscando atender devidamente aos objetivos[23] que lhe deram origem – a aplicação em ampla escala da assistência psiquiátrica nos moldes da nova psiquiatria científica. Entretanto, é preciso investigar quais as estratégias usadas para viabilizar tal resultado. Que negociações possibilitaram tal sucesso? Quais os recursos e os esforços então despendidos? Quais os interesses dos personagens envolvidos? E, principalmente, como Adauto Botelho conseguiu, por tanto tempo, garantir tamanho investimento político e financeiro?

Salvo suas atividades como diretor do SNDM e do IPUB e sua participação como tradutor de Freud, a pesquisa nada revelou a respeito das articulações políticas que lhe renderam a permanência por treze anos na condução da assistência do SNDM, que, como vimos, representava um braço forte na política de construção de um Brasil moderno. Por outro lado, nos chamou a atenção uma nota publicada no *Correio da Manhã* de 20/04/1945, na coluna

21 Alcyon Bahia, psiquiatra do SNDM, representou, na entrevista, seu diretor, Adauto Botelho.

22 V. p. 61.

23 Relatório de Atividades SNDM, 1949, pp. 4-6, cf. nota 18 do primeiro capítulo.

"Tópicos e Notícias", intitulada "Fascismo Psiquiátrico", que discorre sobre a atuação de Adauto Botelho em relação à sua equipe.

> **Há poucos dias, reuniram-se vários médicos na ABI, com o propósito de examinar o regime fascista existente na assistência a Psicopatas. O que foi a organização dirigida por Juliano Moreira tornou-se um feudo pessoal na administração atual do diretor do SNDM. O seu dirigente supremo é um *Gauleter*, fazedor de reformas absurdas, ditados de leis, violador de direitos e, em suma, um autêntico autocrata. Segundo os julgadores da sua "obra" [...] um dos aspectos de sua gestão mais censurados é o da criação de um Dip-mirim interno destinado a impedir divulgações desfavoráveis e a apregoar benemerências da direção dos estabelecimentos sob sua supervisão. [...] o Regulamento da Assistência, baixado em 18 de novembro, dizia no seu artigo 79: Nenhum servidor poderá fazer publicações e conferências ou dar entrevistas sobre assuntos que se relacionem com a organização e atividades do serviço sem autorização do diretor do SNDM (*Correio da Manhã* de 20/04/1945, p. 4 - ver ilustração na página seguinte).**

Curiosamente, sem maiores explicações, na semana seguinte o mesmo jornal publica sob o mesmo título uma carta-desmentido[24], datada de 21 de abril, assinada por cinquenta médicos do SNDM (*Correio da Manhã* de 27/04/1945).

Tendo em vista o clima de disputa e luta por prestígio próprio da estrutura política de qualquer movimento institucional, suspeitamos da unanimidade uníssona que aparece na resposta-desmentido. Mesmo que a denúncia tenha caráter destrutivo e incriminador, mesmo que haja na raiz da acusação a intenção de destituir o poder de Adauto Botelho, alardeado pela publicidade em torno das obras do SNDM, ainda assim, nos parece suspeita a unanimidade da defesa, que na verdade só faz negar a crítica, sem deixar qualquer argumentação que a justifique. Será que a solidez do lugar de Adauto Botelho dispensa justificativa? Será que o SNDM, recém-criado, com forte expansão técnica e administrativa, achava-se isento de qualquer falha?

---

24 Vale lembrar que, sobre a operação do desmentido (*Verleugnung*), Freud nos ensina que consiste na operação de cisão do eu, o que permite concomitantemente uma afirmação por meio da recusa da realidade; isto é, o desmentido é uma afirmação por meio de uma negação (Freud, 1927/1969).

Fascismo... psiquiátrico

Há poucos dias, reuniram-se vários médicos, na ABI, com o propósito de examinar o regime fascista existente na Assistência a Psicopatas. O que foi a organização dirigida por Juliano Moreira tornou-se um feudo pessoal na administração atual do diretor do Serviço Nacional de Doenças Mentais. O seu dirigente supremo é um Gauleiter, fazedor de reformas absurdas, ditador de leis, violador de direitos e, em suma, um autêntico autocrata, segundo os julgadores da sua "obra".

Um dos aspectos da sua gestão mais censurados é o da criação de um Dip-mirim interno, destinado a impedir divulgações desfavoráveis e a apregoar benemerências da direção dos estabelecimentos sob a sua supervisão. Êsse orgão de "divulgação", além de criticar as administrações passadas, fazia as suas barretadas ao diretor e ao govêrno. Numa das suas publicações, disse que neste regime que está morrendo e quase nos matou... de vergonha, o poder público gastou mais com os alienados do que os governos anteriores em cinco lustros. Se se compararem os gastos como somas despendidas, está certo. Mas que foi realizado com tanto dinheiro? O Hospital da Praia Vermelha fechou, as colônias não tiveram melhoramentos e ainda agora se constróem monstrengos no Engenho de Dentro, sem qualquer orientação técnica.

As reformas, a conduta generosa para com funcionários "amigos" e abusiva para com os "marcados" e, bem assim, o "exílio" aos desafetos são normas dêsse fascismo louco nas casas destinadas ao tratamento de loucos.

Para que as coisas se passassem sem transpirar no mundo dos que se julgam com juízo, o que houvera sido possível até certo período, o Regulamento da Assistência, baixado em 13 de novembro, dizia, no seu art. 79: "Nenhum servidor poderá fazer publicações e conferências, ou dar entrevistas sôbre assuntos que se relacionem com a organização e as atividades do serviço sem autorização do diretor do S. N. D. M.".

Com isto, tudo estava assegurado. Ninguem poderia vir contar qualquer coisa cá fora... E se mais se temia o ficassem aqueles que pudessem fazer publicações, conferências ou dar entrevistas — seriam os técnicos conhecedores do que se passava lá dentro, essa disposição diplomada seria bastante para manter um silêncio tranquilizador...

Os factos que motivaram a reunião têm, pois, um símbolo nas ruínas do velho Hospício da Praia das Saudades...

Como dissemos anteriormente, o SNDM foi um dos doze Serviços Nacionais de Saúde criados com a finalidade de fortalecer a penetração dos serviços especializados do DNS no interior do país, tendo à frente o administrador Barros Barreto. Sabemos da importância de Barros Barreto para a sustentação de Capanema, representando a ligação dos interesses das oligarquias locais com o governo central. Ambos permaneceram em seus cargos por períodos extremamente longos – Capanema por onze anos (1934 a 1945), Barros Barreto por oito anos[25] (1937 a 1945) e Adauto Botelho por 13 anos (1941 a 1954). Qual é o segredo de tanta estabilidade, mesmo considerando os diferentes governos, crises políticas, sociais e econômicas? Algo em comum fez com que esses personagens, seja em equipe ou em períodos diferentes, desempenhassem seus papéis de maneira tão afinada? Ou é suficiente relembrar que a maior parte do período foi chamada de Estado Novo justamente pelo regime de força e pelas características autoritárias do governo Vargas? De qualquer modo, o uso do adjetivo "fascista" no artigo em questão, termo sobre o qual recaía o peso do período pré-Segunda Guerra, época em que as relações Brasil-Alemanha começam a minar, tinha o propósito de associar a administração do SNDM à ameaça mundial representada pelo fascismo.

25 Esteve afastado por dois anos entre 1929 e 1941.

Ainda sobre a função do SNDM, que como os demais serviços ligados ao DNS tinha por objetivo estabelecer aliança do governo central com os estados pela distribuição de recursos para a assistência psiquiátrica, devemos considerar a situação especial de São Paulo.

O fato de São Paulo dispor de recursos próprios para gerenciar suas políticas de saúde concedia-lhe uma posição de destaque em relação aos projetos do Ministério da Saúde. Se por um lado isso o isentava de participação e obediência às diretrizes do governo central, por outro lhe concedia o direito de exigir investimento compatível com o nível de empreendimento que desenvolvia, mantendo autonomia para gerir sua economia (Hochman, 2006: 237-242). No Rio de Janeiro – então capital federal – era tecida a trama política para os programas a serem implementados em todo o território nacional. Como nos mostra Miceli (1979), em contraste com São Paulo, o empreendimento na capital federal mantinha-se sob a forte influência da máquina governamental, imprimindo a marca "político-partidária sobre a mentalidade e a formação dos praticantes recém-recrutados para as novas disciplinas [...] e como não podia deixar de ser, sobre os produtos dessa nascente atividade intelectual" (Miceli, 1979: 15).

Certamente a prioridade dos interesses político-partidários deixava em segundo plano as exigências de ordem técnica e científica. Não é demais lembrar que Capanema só se firmou como político pela capacidade de costurar alianças com os principais grupos de interesse – Igreja, Forças Armadas e outros. Na maioria das vezes as escolhas recaíam sobre os nomes indicados por determinado partido, ou pela bancada de algum estado – e não por competência técnica.

Essas características, que estavam na base da concepção intervencionista, autoritária e diretiva do governo Vargas, tiveram eco no meio da psiquiatria, que na época, além de ampliar sua autonomia, tornara-se uma disciplina de controle social. Desse modo, como buscaremos demonstrar a seguir, o discurso psicanalítico teve que conviver com a tendência organicista da psiquiatria, os objetivos da LBHM, a ideologia do Estado Novo, bem como com a expectativa de uma perfeita adaptação do sujeito à civilização (Facchinetti, 2003).

Como veremos no próximo capítulo, os critérios que orientaram a administração de projetos e a distribuição de recursos para a política de saúde mental atingiram decisivamente as características da psicanálise que aqui se instituiu e o lugar que ela ocupou no cenário das ciências cariocas da época. Uma administração que exigiu dessa especialidade adaptação às condições impostas pela política de governo para a assistência psiquiátrica.

A Saúde Mental do pós-guerra

A redemocratização do país e os programas de incentivos econômicos[26] do pós-guerra não garantiram o desenvolvimento social esperado. Pelo contrário, as transformações socioeconômicas internas do país redistribuíram os conflitos, com efeitos sobre as demandas no âmbito da Saúde Pública. A situação não era diferente na área da assistência psiquiátrica, e o abandono em que se encontravam os hospícios da época maculava a imagem de um governo democrático empenhado no desenvolvimento social. O documento na página seguinte ilustra esse cenário.

Veremos agora como a psiquiatria efetuou uma passagem do enfoque repressivo, controlador e intervencionista com relação à conduta do cidadão para um caráter profilático e esclarecedor, visando o bem-estar e a manutenção da saúde. Como mostra Castel (1978), o progresso da medicina mental está baseado na legitimidade da complementaridade entre a repressão e a prevenção. A psicanálise foi considerada, na época, o elemento operador dessa passagem da dimensão do sofrimento interpessoal para a necessidade de "tratar os conjuntos sofredores" (Castel, 1978: 146).

Como instituições representativas da assistência às psicopatias, o ministro da Saúde – Gustavo Capanema – e o recém-criado SNDM (1941) eram frequentemente responsabilizados pela desumanidade com que eram tratados os "infelizes, cuja adversidade levou-os a viver em um mundo diferente", como nos mostra a *Folha Carioca* de 9/5/1944, "Gente servindo de pasto aos urubus". O abandono em que se encontrava a Colônia Juliano Moreira não só colocava em risco a segurança da população de moradores de Jacarepaguá, subúrbio do Rio de Janeiro, como feria a imagem de uma nação que se queria moderna, diz a nota (ver ilustração na página seguinte).

26 Cf. demonstramos no primeiro capítulo.

Folha Carioca
RIO DE JANEIRO
9-MAI 1944
LUX-JORNAL

GENTE SERVINDO DE PASTO AOS URUBUS

Os jornais *Diários Associados* de 2 de dezembro de 1943, *Correio da Manhã* de 2/12/1943 e *A Manhã* de 19 de janeiro de 1944 já traziam estampado, sob forma de manchetes, o tom do debate levantado pela psiquiatria da época – tanto no âmbito da academia como da assistência psiquiátrica – em torno das novas exigências dos problemas da saúde mental no período da guerra.

Tanto o professor Henrique Roxo[27], chefe da cadeira de clínica psiquiátrica da Faculdade de Medicina da Universidade do Brasil[28], como Alcyon Bahia, representante do diretor do SNDM – Adauto Botelho –, expressavam o compromisso da psiquiatria com os abalos decorrentes de um período de desestabilização social. Ambos propunham iniciativas que visassem a uma reparação das agruras dos campos de batalha, por meio da adaptação social e do controle do desequilibrado, evitando o prejuízo causado pelos seus atos sociais.

Tais tensões propiciaram ao SNDM promover uma "modernização da assistência psiquiátrica" no pós-guerra (Duarte, 2009: 110-113).

> **[...] a emergência do contingente formado por "neuróticos de guerra" carecendo de tratamento, o clima de "liberalismo" e de demo-**

27 Vale lembrar a disputa entre Roxo, da universidade, e o grupo da assistência – SNDM.

28 Atual Universidade Federal do Rio de Janeiro, criada em 7/9/1920, com o nome de Universidade do Rio de Janeiro, e reorganizada, em 1937, como Universidade do Brasil.

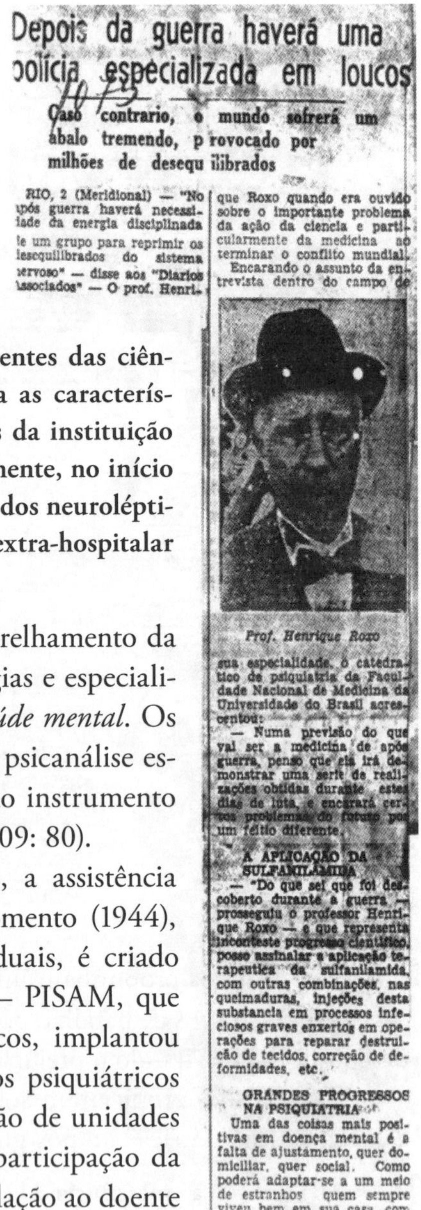

Depois da guerra haverá uma polícia especializada em loucos

Caso contrario, o mundo sofrerá um abalo tremendo, p rovocado por milhões de desequ ilibrados

RIO, 2 (Meridional) — "No após guerra haverá necessidade da energia disciplinada de um grupo para reprimir os desequilibrados do sistema nervoso" — disse aos "Diarios Associados" — O prof. Henrique Roxo quando era ouvido sobre o importante problema da ação da ciencia e particularmente da medicina ao terminar o conflito mundial.

Encarando o assunto da entrevista dentro do campo de

Prof. Henrique Roxo

sua especialidade, o catedratico de psiquiatria da Faculdade Nacional de Medicina da Universidade do Brasil acrescentou:

— Numa previsão do que vai ser a medicina de após guerra, penso que ela irá demonstrar uma serie de realizações obtidas durante estes dias de luta, e encarará certos problemas do futuro por um feitio diferente.

A APLICAÇÃO DA SULFANILAMIDA

— "Do que sei que foi descoberto durante a guerra — prosseguiu o professor Henrique Roxo — e que representa inconteste progresso cientifico, posso assinalar a aplicação terapeutica da sulfanilamida, com outras combinações, nas queimaduras, injeções desta substancia em processos infeciosos graves enxertos em operações para reparar destruição de tecidos, correção de deformidades, etc.

GRANDES PROGRESSOS NA PSIQUIATRIA

Uma das coisas mais positivas em doença mental é a falta de ajustamento, quer domiciliar, quer social. Como poderá adaptar-se a um meio de estranhos quem sempre viveu bem em sua casa, com sua familia? Como poderá ajustar-se a um meio social, em que haja privações e dificuldades, quem vivia na riqueza e conforto?

> cracia reinante após a vitória dos aliados contra o totalitarismo nazi-fascista, incompatível com as características autoritárias do asilo tradicional; fundação de movimentos pró-direitos civis; associações de parentes e amigos dos doentes mentais, clamando por seus direitos; análises provenientes das ciências sociais que apontam para as características repressoras e autoritárias da instituição psiquiátrica tradicional; finalmente, no início dos anos [19]50, o surgimento dos neurolépticos, facilitando o tratamento extra-hospitalar (Lougon, 2006: 84).

Nesse sentido, foi necessário o reaparelhamento da assistência psiquiátrica com novas estratégias e especializações que visavam um novo objeto: *a saúde mental*. Os anseios da LBHM retornaram à cena, e a psicanálise estava ali em boa hora para contribuir como instrumento contra as "neuroses da época" (Duarte, 2009: 80).

Conforme ilustram os documentos, a assistência psiquiátrica ganhava destaque. Nesse momento (1944), com a participação das Secretarias Estaduais, é criado o Programa Integrado de Saúde Mental – PISAM, que instalou cerca de 4.000 leitos psiquiátricos, implantou unidades de prevenção primária e núcleos psiquiátricos em hospitais gerais, promoveu a construção de unidades hospitalares nos estados e territórios e a participação da comunidade na mudança de atitude em relação ao doente mental (Uchôa, 1981).

Essa estrutura de macro-hospitais associada ao uso de técnicas psicoterápicas[29], além da praxiterapia e da tera-

29 No pós-guerra, houve um novo alinhamento das classes sociais e intensificaram-se as demandas por saúde mental, no

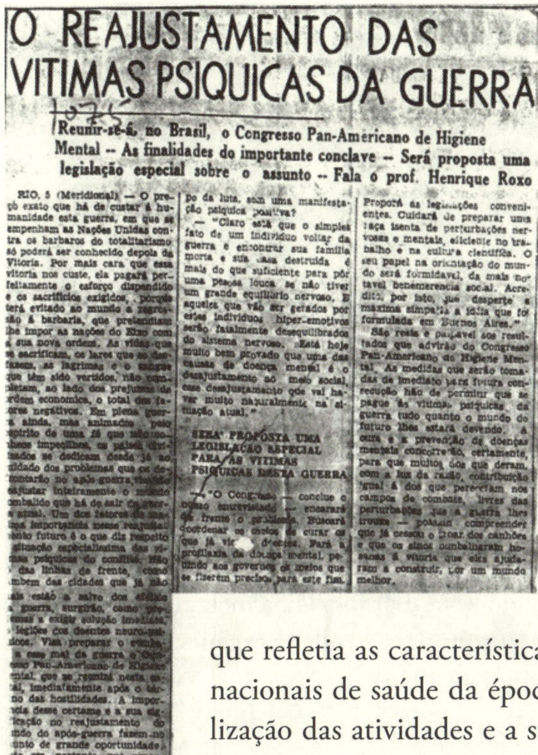

O REAJUSTAMENTO DAS VITIMAS PSIQUICAS DA GUERRA

Reunir-se-á, no Brasil, o Congresso Pan-Americano de Higiene Mental – As finalidades do importante conclave – Será proposta uma legislação especial sobre o assunto – Fala o prof. Henrique Roxo

pêutica hetero-familiar, revelava a preocupação com a vida social e a manutenção da independência, a autonomia e a capacidade de trabalho do paciente. Além de oferecer atendimento integral ao interno, reduzia o custo da permanência no regime de internação, mantinha-o afastado do estresse da vida urbana, ao mesmo tempo que protegia a sociedade dos incômodos da convivência com o doente mental. Por outro lado, era um modelo institucional que refletia as características organizacionais dos serviços nacionais de saúde da época, que significavam "a centralização das atividades e a sua execução conforme normas e padrões estipulados pelos gestores federais" (Fonseca, 2007).

Assim, entre as diretrizes estabelecidas para os vinte e três órgãos subordinados ao DNS, a contratação de pessoal especializado e o investimento em aperfeiçoamento e especialização de mão-de-obra foram objetivos amplamente desenvolvidos pelo SNDM que merecerão destaque neste capítulo do livro.

O espaço para a pesquisa, o ensino e a produção científica que influiria diretamente na formação e desenvolvimento da psiquiatria, enquanto especialidade da medicina, estava a cargo do Instituto de Psiquiatria da Universidade do Brasil – IPUB, criado pelo decreto 591 de 1938.

Brasil (Duarte, 2009). Assim, foi de grande valia a psicoterapia psicanalítica de grupo, introduzida por Bion, como recurso para atender os ex-combatentes ingleses (Abrão, 2008).

Seu primeiro diretor, que fora designado para observar o funcionamento de instituições congêneres na Alemanha, foi Henrique Roxo. Em 1944, com a transferência do HNA da Praia Vermelha para o recém-inaugurado Centro Psiquiátrico Nacional no Engenho de Dentro, o IPUB conquistou absoluta autonomia.

Tal autonomia resultava em diferentes modelos de assistência. Roxo calçava os temas de estudos do IPUB nas alterações bioquímicas, nas alterações anatômicas ou histopatológicas das doenças mentais, conforme modelo kraepeliano.

> **Há uma série de pesquisas muito interessantes em relação ao sangue e ao liquor, todas concernentes à investigação da causa das doenças mentaes, em sua maioria [...] o estudo das relações entre a spirochetóse e o systema nervoso é feito de modo perfeito [...] deverá investigar os antecedentes hereditários dos doentes internados e organisar um fichario, em que se possa comprovar a situação degenerativa do alienado [...] é a prophylaxia mental (Roxo, relatório sobre sua estada na Europa para estudar a organização do Instituto de Psiquiatria de Munich, 1936).**

Já Maurício de Medeiros, seu segundo diretor (1952), que se tornaria ministro da Saúde de 1955 a 1958[30], "propunha uma visão unicista do problema da doença mental" (Venancio, 2004: 8) e introduzia os achados de Freud para um conhecimento mais perfeito da vida inconsciente, enriquecendo o alcance da psiquiatria (Medeiros, 1956). Conforme descreve Portela (1998), e "se a psiquiatria paulista estava 'emperrada', no Instituto as coisas se davam de maneira bem diferente. Maurício de Medeiros buscava diversidade, diálogo e abertura [...]" (Portela, *in* Revista Brasileira do Instituto de Psiquiatria 60 anos, 1998: 28).

Cerca de uma década depois, as Normas Gerais para a Prestação de Assistência Médica ao Doente Mental do Ministério do Trabalho e Previdência

---

30 Maurício de Medeiros, formado em farmácia e em medicina pela Faculdade de Medicina do Rio de Janeiro (1903-1907), em 1922, tornou-se professor na mesma faculdade e, em 1946, catedrático de clínica psiquiátrica. Irmão de Medeiros e Albuquerque, Maurício foi deputado estadual e federal entre 1916-1920 e 1927-1930 respectivamente. Foi demitido da faculdade de medicina por discordar dos destinos da revolução de 1930 em seus artigos na *Gazeta* e no *Diário Carioca*. Foi membro da Academia Brasileira de Letras e Ministro da Saúde de 1955 a 1958, grande conhecido dos psicanalistas do Rio de Janeiro e de São Paulo, como veremos no Capítulo 3.

Social (CD/DNPS 942/62) estabeleciam a criação de postos de assistência psiquiátrica em hospitais gerais, serviços ambulatoriais, assistência familiar e ao trabalhador, marcando a política de saúde mental para enfrentar o crescimento urbano.

Veremos, então, como a psicanálise se colocará diante desses modelos assistenciais.

Capítulo 3
A Psicanálise: primeiros contatos

Como demonstramos anteriormente, a figura de Juliano Moreira destacou-se por sua participação política, científica e administrativa à frente do HNA. Sua biografia em muito contribuiu para esclarecer esse desempenho: ao retornar de seus estudos na Europa, divulgou suas ideias à frente do HNA e da Assistência Psiquiátrica, formando em torno de seu nome uma escola de jovens psiquiatras.

As teorias relativas à transmissão genética, bem como a influência teórica dos psiquiatras franceses Morel e Magnan sobre o papel da transmissão hereditária, haviam alimentado a discussão no campo psiquiátrico sobre o processo de degeneração no Brasil desde o XIX. Juliano retomou o conceito de degeneração, mas de maneira distinta. Opondo-se à escola de Nina Rodrigues, hegemônica à época em que passou a dirigir o HNA, e apoiado em sua observação de doentes estrangeiros ali internados, assim como em Kraepelin, Juliano militou a serviço de uma compreensão da degeneração advinda das condições sociais, de saúde e educação de alguns segmentos da população. Assim, suas ideias, bem como as demais teorias que circulavam não só na comunidade científica, mas também entre políticos e a população, nas três primeiras décadas do século XX, voltavam-se para melhorar a imagem do Brasil no mundo, como forma de promover o seu desenvolvimento econômico. Governo, comunidade científica e sociedade em geral somavam seus esforços em torno de medidas eficazes de controle, influenciando diretamente na interpretação, na valorização e no uso de determinadas práticas científicas.

Entretanto, como vimos também, a assistência psiquiátrica, tanto sob a forma do isolamento asilar como pelos humanitários serviços abertos, foi fracassando em seus projetos de cura e no controle da loucura e sua proliferação ao longo dessas duas primeiras décadas do XX. A crença de que apenas a melhoria das condições sanitárias e de vida poderia reduzir o número da "população de risco" e, portanto, de psicopatas[1], e de que o processo civilizatório inibiria a degeneração estava caindo por terra. O alto custo para o Estado tornava a Assistência a Psicopatas um ônus para o projeto de desenvolvimento nacional. "Seqüestrar e alienar o louco, assim como humanizar e liberar os hospícios, de nada parecia adiantar" (Reis, 1994: 28-30).

Pela proximidade que a psiquiatria alcançou junto aos mecanismos reguladores do comportamento social, a assistência ao mental teve papel de destaque no cenário das políticas públicas de saúde. Foi nesse contexto que a psicanálise tomou lugar como mais um recurso auxiliar para a psiquiatria compreender tanto os desvios do comportamento social, como os conteúdos delirantes dos psicopatas. E deu, assim, seus primeiros passos na psiquiatria carioca da época.

O modelo teórico construído por Freud servia ao mesmo tempo para instrumentar a psiquiatria e também reforçar os projetos de governo no confronto com as demandas e os problemas de nossa sociedade. É a partir desse duplo enquadre (Rosenberg, 1997) que iremos retomar a chegada da psicanálise e seguiremos suas relações com a psiquiatria local para buscar compreender o modo pelo qual ela foi apropriada e, posteriormente, incorporada pelo Estado, antes de se institucionalizar em sociedades supostamente independentes, regidas pela International Psychoanalytical Association.

1 O conceito de psicopata – portador de distúrbio mental que o impeça de cuidar-se de forma independente, alienado ou não – foi introduzido em 1927 quando da fundação do SAP em substituição ao SNA (Relatório de atividades SAP-HN, 1928, cf. nota 18 do primeiro capítulo).

A primeira sociedade psicanalítica do Brasil e da América Latina – Sociedade Brasileira de Psicanálise – seções São Paulo e Rio de Janeiro

No Brasil, a psicanálise entrou inicialmente por dois caminhos, Rio de Janeiro e São Paulo[2]. Entre os cariocas, ela começou a se difundir em meio aos psiquiatras de Juliano, mas em São Paulo a proximidade de Durval Marcondes[3] com a poesia e a literatura, assim como com as atividades da Semana de Arte Moderna em 1922, e por outro lado a aversão da comunidade do hospital de Juqueri, aproximaram a psicanálise da intelectualidade paulistana e do movimento modernista. As características de tal encontro enfatizam, ao menos no campo das artes, uma recepção da psicanálise como matéria de subversão, para a invenção de uma brasilidade que não se formara até então por causa do recalque imposto pela civilização europeia (Facchinetti, 2001). "A escrita deveria submeter-se à apreciação como objeto poético necessariamente rompido com a ordem natural, advindo da linha primitivista-expressionista-surrealista, que demarcava, entre outros aspectos, a expressão do pulsional e do inconsciente" (Facchinetti, 2001: 70).

Essas tintas apareciam, ainda que fragilmente, quando, em 1920, o responsável pela institucionalização da psiquiatria em São Paulo era o catedrático da Cadeira de Neuropsiquiatria da Faculdade de Medicina e fundador do Hospital de Juqueri, Franco da Rocha[4]. Ao ressaltar a importância das ideias

2 Também em Porto Alegre, beneficiada pela proximidade da Argentina (V. Mokrejs, 1993).

3 Durval Marcondes, formado na Faculdade de Medicina de São Paulo (1919-1926), admirador e colaborador de Franco da Rocha no Hospital de Juqueri, fundou, em 1927, a SBP. Seu primeiro trabalho, ao se candidatar à vaga de professor de literatura do ginásio do Estado (1926), foi "O symbolismo esthetico na literatura, ensaio de uma orientação para a crítica literária, baseado nos conhecimentos fornecidos pela psychanalyse". Obras: Um "sonho de exame", in *Revista Brasileira de Psychanalyse* nº. 1, v. I, São Paulo, 1928; "A therapeutica psychanalytica da impotência sexual" e "Sobre a ejaculação precoce", in *Boletim da Sociedade de Medicina e Cirurgia de São Paulo,* São Paulo, 1931; "A psicanálise dos desenhos dos psicopatas", in *Revista da Associação Paulista de Medicina,* nº. 3, vol IV, São Paulo, 1933; "A influência do cinema na agravação das neuroses", in *Revista da Associação Paulista de Medicina,* nº. 3, v. 1, São Paulo, 1933, e outras. Ver tb. Sagawa (2002).

4 Franco da Rocha, fundador do Hospital de Juquery, (1901), primeiro catedrático de Clínica Neuropsiquiátrica da Faculdade de Medicina de São Paulo, presidente da Sociedade Brasileira de Psicanálise (SBP), articulista do jornal *O Estado de São Paulo,* interessou-se pelos conceitos psicanalíticos tais como sublimação, a moral sexual e outras formas de organização libidinal. Sem se considerar um ortodoxo, revelou-se impressionado com a leitura de Freud, sem deixar de incluir em seu trabalho ideias de outros psicanalistas, filósofos, como também a influência positivista. Publicou em 20 de março de 1919 um artigo sobre a psicanálise, intitulado "Do delírio em geral" – aula inaugural para o 6º ano do curso de clínica

de Freud sobre o papel da sexualidade na etiologia das neuroses, provocou forte polêmica entre seus correligionários psiquiatras.

Apesar de não se considerar um ortodoxo, nem vinculado a nenhuma escola em especial, ele manifestou em suas palestras e publicações um grande entusiasmo pelas ideias de Freud, impressionando, entre vários jovens alunos, o recém-chegado ao curso de medicina (1919) Durval Marcondes. Franco da Rocha admitia, contudo, que o caráter moral da teoria psicanalítica trazia dificuldades a sua difusão (Sagawa, 2002: 19-21).

E de fato, ao publicar "O Pansexualismo na Doutrina de Freud" (1919), o catedrático foi posto sob suspeita como demente pela congregação da Faculdade de Medicina de São Paulo, onde ousara expor sua concepção sobre "a sexualidade infantil", "as perversões" e "a psicopatologia da vida cotidiana" (Mokrejs, 1993: 35). Assim, pela via da medicina, a psicanálise em São Paulo teve inicialmente uma recepção difícil, marcada pela desconfiança e pelo escândalo.

Nem por isso deixou de angariar alguns interessados. Durval Marcondes, amante da literatura e estudante de medicina, foi um deles. Ao se aproximar da psicanálise, tornou-se admirador e assistente de Franco da Rocha. Apesar de não ter sido seu aluno, Marcondes já o conhecia por amizade de família e desde que tomara conhecimento de suas ideias publicadas no *Estado de São Paulo* sob o título "Do delírio em geral" não poupou esforços no sentido de ampliar o conhecimento e os debates transdisciplinares sobre a psicanálise e enfrentar a "resistência não só do meio intelectual e médico, mas também em termos morais e religiosos" (*apud Sagawa* 2002: 19).

Desde que se formou (1926), Durval iniciou sua atividade clínica, utilizando, como dizia, a técnica psicanalítica intuitivamente em seu consultório. Foi então considerado por alguns "excêntrico e esquizóide" (*apud* Ponte, 1999: 70), ficando com a herança que Franco da Rocha lhe transmitira. Mas as resistências não o impediram de, no mesmo ano, ao assumir o cargo de médico psiquiatra da Inspetoria de Higiene Escolar e Educação Sanitária

---

psiquiátrica da Faculdade de Medicina de São Paulo, na qual abordava conceitos de Freud. Ver outras de suas obras sobre psicanálise: "O Pansexualismo da Doutrina de Freud", discurso de paraninfo da turma de 1919 da Faculdade de Medicina, "Psicologia do boato", in *O Estado de São Paulo*, São Paulo: 19/10/1920; "Sobre a psicanálise", in *O Estado de São Paulo*, "A psicologia de Freud" e "Os mitos e lendas da loucura", in *Revista Brasileira de Psicanálise*, nº. 1, vol I, 1928. Ver tb. Mokrejs, 1993.

da Secretaria de Educação do Estado de São Paulo, colocar em prática um trabalho multidisciplinar que destacava a importância da psicologia infantil e incluía a psicanálise (Sagawa, 1992: 92). A resistência que sofreu por parte da comunidade médica chegava a ponto de sequer ser escutado. "[...] por mais de uma vez, uma coisa que eu creio ter sido caso único até hoje nos meios científicos e culturais do nosso país. Por mais de uma vez, me foi cassada a palavra nas sociedades médicas de São Paulo" (Marcondes, in Sagawa, 1992: 87).

Quando Franco da Rocha afastou-se da direção do Juqueri (1923), dois de seus discípulos prediletos candidataram-se à vaga – Durval Marcondes e Pacheco e Silva. Figura de destaque da influente Liga Paulista de Higiene Mental, deputado por São Paulo, indicado para participar da Assembleia Nacional Constituinte, o organicista Pacheco e Silva saiu-se vitorioso (Sagawa, 2002: 54). Mais tarde (1936), Durval Marcondes também perdeu para ele a disputa pela Cátedra de Neuropsiquiatria da Faculdade de Medicina, vaga também pelo afastamento de Franco da Rocha. Estavam assim fechadas para a psicanálise as portas da psiquiatria em São Paulo[5].

Em 1926, já que não conseguira a vaga no Hospital do Juqueri, Durval, e com o objetivo de concorrer à vaga de professor de literatura em um ginásio do estado de São Paulo, escreveu "O simbolismo estético na literatura – ensaio de uma orientação para a crítica literária baseada nos conhecimentos fornecidos pela psicanálise" e enviou a Freud um exemplar de seu trabalho. O elogio de Franco da Rocha no prefácio e uma carta de Freud[6] acerca de sua iniciativa incentivaram Marcondes a prosseguir com sua dedicação à psicanálise, especialmente sua profissionalização no Brasil (Sagawa, 1992: 85).

Mesmo desprestigiados pela medicina paulista e sob a desconfiança de muitos de seus colegas, Franco da Rocha e Durval Marcondes fundaram em São Paulo, em 1927, a Sociedade Brasileira de Psicanálise, reunindo um grupo

---

5 "[...] após a aposentadoria de Franco da Rocha, seus dois sucessores, Enjolras Vampré e Pacheco e Silva, colocaram-se totalmente contrários à psicanálise no campo da psiquiatria" (Sagawa, 2002: 40).

6 "Honradíssimo Senhor! Infelizmente não domino o seu idioma, mas graças aos meus conhecimentos da língua espanhola pude deduzir de sua carta e do seu livro que é sua intenção aproveitar os conhecimentos adquiridos em psicanálise nas belas-letras, e, de um modo geral despertar o interesse de seus compatriotas por nossa ciência. Fico sinceramente grato pelos seus esforços, desejando-lhe muito sucesso e posso assegurar-lhe que achará rica e recompensadora em revelações a sua continuada associação com o tema" (Freud, in Ponte, 1999: 71).

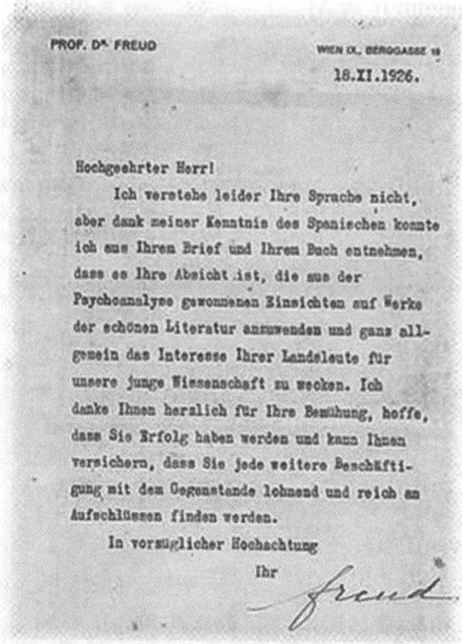
PROF. Dr. FREUD
WIEN IX. BERGGASSE 19
18.XI.1926.

Hochgeehrter Herr!

Ich verstehe leider Ihre Sprache nicht, aber dank meiner Kenntnis des Spanischen konnte ich aus Ihrem Brief und Ihrem Buch entnehmen, dass es Ihre Absicht ist, die aus der Psychoanalyse gewonnenen Einsichten auf Werke der schönen Literatur anzuwenden und ganz allgemein das Interesse Ihrer Landsleute für unsere junge Wissenschaft zu wecken. Ich danke Ihnen herzlich für Ihre Bemühung, hoffe, dass Sie Erfolg haben werden und kann Ihnen versichern, dass Sie jede weitere Beschäftigung mit dem Gegenstande lohnend und reich an Aufschlüssen finden werden.

In vorzüglicher Hochachtung

Ihr

Freud

"Meu prezado senhor!

Infelizmente não domino o seu idioma, mas graças aos meus conhecimentos da língua espanhola pude deduzir de sua carta e do seu livro que é sua intenção aproveitar os conhecimentos adquiridos em psicanálise nas belas letras, e, de um modo geral, despertar o interesse de seus compatriotas por nossa ciência. Fico sinceramente grato pelos seus esforços, desejo-lhe muito sucesso e posso assegurar-lhe que achará rica e recompensadora em revelações a sua continuada associação com o tema.

Cordiais saudações,
Freud"

(Resposta de Freud a uma carta enviada pelo psiquiatra Durval Marcondes em 1926)

de intelectuais[7] – poetas, pedagogos, filósofos e médicos – representantes da elite da sociedade paulistana (Facchinetti, 2008: 4). "Segundo relatos de revistas da época, a sociedade era um happening social, sendo frequentada pela sociedade local" (Facchinetti e Ponte, 2003: 5), tendo Franco da Rocha, um dos mais importantes nomes da psiquiatria de São Paulo, como presidente, e Marcondes como seu vice-presidente. Foi a primeira sociedade de psicanálise no Brasil e na América Latina (Facchinetti e Ponte, 2003: 4).

Em seu artigo "A psychanalyse não tem merecido em São Paulo o merecido apoio" (1929), Durval fez a declaração que mais provocou a rejeição dos psiquiatras da época: que, por ser diferente da psiquiatria, a psicanálise estaria voltada, mais do que à terapêutica, à descoberta da gênese dos sintomas mentais. Apesar do destaque dado pela imprensa local[8], ele se ressentia

---

7 Inscreveram-se 24 membros, entre eles: Raul Briquet, Lourenço Filho, Jaime Ferraz Alvim, Pedro de Alcântara, Ozório Cezar, A. de Almeida Júnior, Menotti Del Picchia, Candido da Motta Filho, Olívia Guedes Penteado, Paulo José Toledo e Tarsila do Amaral (Sagawa, 2002: 27).

8 *Diário da Noite* de 11/3/1929: "A psyhoanalyse não tem merecido em São Paulo o merecido apoio". "O mundo inteiro vae percebendo, pasmado, os novos horizontes, os novos caminhos que Freud abriu". "Como vê, a psychoanalyse, no Rio, entrou em franco domínio na therapeutica medica, o que não acontece em São Paulo" (Sagawa, s/d: 38-39).

da falta de interesse por suas investigações no meio psiquiátrico paulista. Mais ainda, por causa da circulação de matérias sobre psicanálise no meio jornalístico, a apresentação dos trabalhos de Durval, nas principais organizações científicas da época, provocava reações de frio desprezo, até de agressiva repulsa, denunciando a hegemonia do pensamento organicista para tratar das questões do mental (*apud* Sagawa, 2002: 43).

Buscando ampliar sua penetração no campo médico e na tentativa de obter o apoio institucional de que necessitava, Durval e Franco da Rocha vieram ao Rio de Janeiro para pedir apoio a Juliano Moreira.

É importante lembrar que as mudanças sociopolíticas sofridas pelo país nas décadas de 1920 fizeram com que proliferasse um grande número de instituições ligadas ao tema da saúde, tanto no âmbito da sociedade civil como no governamental. Como Marcondes sofria o desprestígio da psiquiatria paulista, seja da área hospitalar, seja da universidade, o prestígio de Juliano Moreira[9], assim como de outros psiquiatras cariocas ligados ao meio acadêmico e político da capital da República, revelava-se interessante para ele, que esperava com sua estratégia dobrar a desconfiança dos paulistas e ampliar a frente a favor da psicanálise no país. Criou-se então a seção carioca da SBP, presidida por Juliano, tendo Porto-Carrero como vice-presidente. Em junho de 1928 foi lançada a *Revista Brasileira de Psicanálise*[10] e, em 1929, a SBP chegou a ser reconhecida provisoriamente pela IPA, fato que mereceu a saudação explícita de Freud (Facchinetti, 2008: 3)[11].

---

9 O prestígio de Juliano Moreira, tanto no meio científico como no político, se deve ao fato de que foi diretor do HNA (1903) e do SAP (1911), fundou a Sociedade Brasileira de Psychiatria, Neurologia e Ciências Afins (1905), foi membro da Sociedade Brasileira de Neurologia e Medicina Legal e presidente de honra da LBHM (Venancio e Facchinetti, 2003: 357).

10 A *Revista Brasileira de Psicanálise*, v. I, nº. 1, 1926, constituía-se de artigos de J. Ralph, Porto-Carrero, Durval Marcondes e Paulo José Toledo, bem como da transcrição da palestra proferida por Franco da Rocha, por ocasião da fundação da sociedade. Durval Marcondes enviou a Freud um exemplar e recebeu em 27/06/1928 a seguinte resposta: "Muito estimado colega. O aspecto da nova Revista Brasileira de Psychanalyse muito me alegrou. Que um fecundo futuro lhe seja reservado! O efeito que se seguiu a essa remessa foi que eu comprei uma pequena gramática portuguesa e um dicionário alemão português. Quero ver se com isso eu consigo ler, por mim mesmo, a revista, durante estas férias. Com os agradecimentos e a saudação cordial do seu Freud". Apesar da repercussão, a revista deixou de ser editada após o primeiro número, só retornando em 1967, editada pela ABP.

11 Carta de Freud dirigida a Durval Marcondes em 11/08/1928: "Prezado colega, Agradeço pelo seu minucioso relatório sobre os acontecimentos esperançosos no seu país. O dr. Porto-Carrero também me escreveu a respeito e eu repito para o senhor o pedido que enderecei a ele. Gostaria que os senhores elaborassem em conjunto uma exposição sobre as ocorrências, destinada à Revista Internacional de Psicanálise, e a enviassem ao presidente dr. Eitington, para que, assim, o interesse

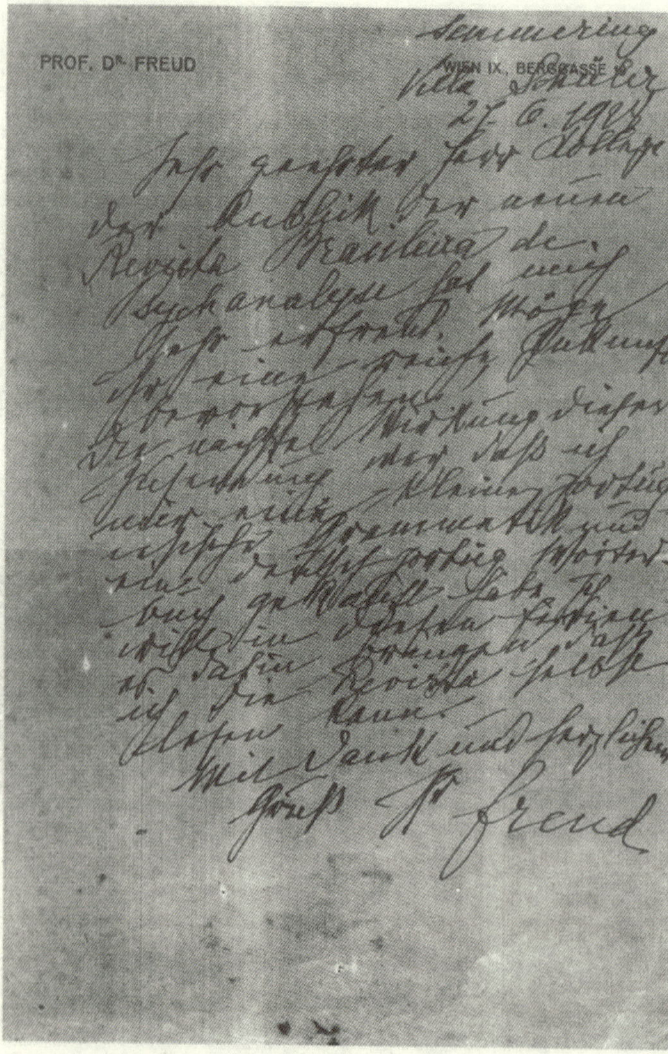

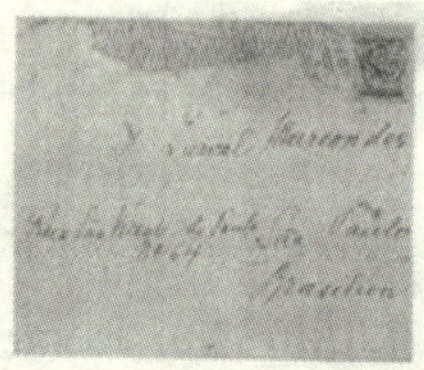

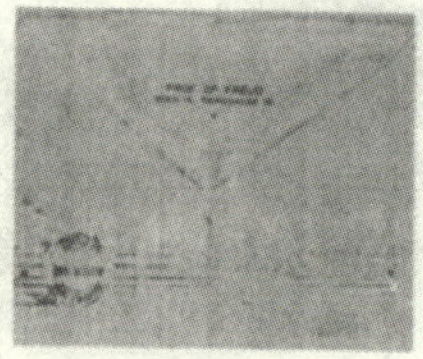

Carta de Freud a Durval,
27 de junho de 1928:
"Caro colega
A visão da nova revista Brasileira de Psicanálise me deu muito prazer. Que ela tenha um próspero futuro.
O efeito seguinte deste envio foi que eu comprei uma pequena gramática portuguesa e um dicionário alemão-português. Durante estas férias eu quero chegar ao ponto de poder ler pessoalmente a revista.
Com meus agradecimentos e saudações,
Freud"

O fato de Juliano Moreira ter instalado a seção carioca nas dependências do HNA fez com que um grande número de neurologistas e psiquiatras – tais como Henrique Roxo, Deodato de Moraes, Murillo de Campos e Carneiro Ayrosa – se aproximasse da psicanálise, passando não apenas a estudá-la, mas a compreendê-la como um novo tipo de abordagem terapêu-

pelo nosso novo grupo brasileiro possa ser despertado" (Noseck, 1994: 90).

tica. Assim a psicanálise ocupou o lugar de um recurso a mais, que facilitava a compreensão das influências patológicas. Destaque-se, entretanto, que tal compreensão se fazia sobre a predisposição hereditária[12].

Como dissemos anteriormente, em São Paulo a psicanálise, mesmo após a adesão dos psiquiatras cariocas, não ganhou chão no meio psiquiátrico, ficando, antes, no campo da intelectualidade paulistana[13].

Essa diferença é considerada por Ponte (1999: 73) e Serio (1998: 179-180) um verdadeiro divisor de águas entre os destinos da psicanálise nos dois estados. "No Rio de Janeiro, a leitura da obra freudiana fez-se, predominantemente, dentro do marco institucional, em São Paulo, não. Lá, os psiquiatras ficaram à margem desse processo ou pelo menos ocuparam uma posição dominada; a influência maior foi a do movimento modernista, vinculado à produção artística" (Serio, 1998: 180).

Ao perder para Pacheco e Silva a disputa pela cátedra de Psiquiatria e a direção do Hospital do Juqueri, Durval não alcançou o prestígio no meio médico e acadêmico necessário para conferir credibilidade à psicanálise. Aqueles espaços continuaram comprometidos com a orientação organicista e ideais higienistas, e continuou-se a ver na psicanálise um arsenal teórico bastante estranho e surpreendente. Por outro lado, também o movimento modernista foi aos poucos se afastando de Durval, denunciando as negociações da psicanálise com o cientificismo da época. Para eles, ela estava sendo domesticada – civilizada pela medicina. E, com isso, deixava de interessar à proposta de subversão modernista (Facchinetti, 2001).

A essa altura, Marcondes ficou bastante isolado em São Paulo. Franco da Rocha já estava afastado de suas atividades, vindo a morrer em 1930, mesmo ano em que Juliano era desligado do HNA. Sem o apoio dessas duas figuras de autoridade, sem o apoio da intelectualidade e da medicina local, Marcondes tentou ainda o apoio dos psiquiatras cariocas para transformar sua sociedade em uma sociedade de formação. Em vão.

---

12 Segundo alguns estudiosos do período, o lamarckismo era hegemônico no campo médico brasileiro, servindo também para pensar o problema central da degenerescência. Sobre esse assunto, ver Stepan, N. Eugenia no Brasil, 1917-1940, in: *Cuidar, Controlar, Curar*, ensaios históricos sobre saúde e doença na América Latina e Caribe. Hochman, Gilberto; Armus, Diego (orgs.). Coleção História e Saúde. Rio de Janeiro: Fiocruz, 2004: 346.

13 Olívia Guedes Penteado, Paulo José de Toledo, Tarsila do Amaral, Menotti Del Picchia, Candido da Motta Filho eram alguns dos que frequentavam a sociedade (Ponte, 1999: 73).

> **Assim como Franco da Rocha, é possível dizer o seguinte a respeito da maioria dos médicos interessados na psicanálise dessa época: de um modo geral, estes primeiros médicos psiquiatras ou neuro-psiquiatras ou neurologistas que se interessaram pela obra de Freud ficaram apenas no plano teórico ou especulativo. Não se dedicaram a vivenciar a clínica psicanalítica como tal. Ou, pelo menos, não restaram documentos fidedignos do empreendimento clínico que demonstrem o intuito de se tornarem psicanalistas (Sagawa, 2008: 2).**

Marcondes viu, assim, ameaçada sua última esperança para a realização do projeto de promover a formação de analistas. Foi quando recebeu de Max Eitington[14], presidente da IPA, um manual que descrevia as características de um sistema para a formação de psicanalistas no qual a SBP deveria se enquadrar (*apud* Sagawa, 1995: 21). Aliás, Eitington, então à frente da IPA, foi o criador desse sistema, quando da fundação do Instituto de Berlim (1920), e o grande responsável, durante os trinta anos seguintes, pela regulamentação da psicanálise (Jorge, 2006). Essa formação tinha como base três elementos: análise didática, instrução teórica e a supervisão de casos (Brecht, 1985: 34). A ilustração a seguir mostra Eitington (terceiro em pé) entre os colaboradores de Freud – chamado o Círculo Secreto.

Como tal direcionamento não interessou aos membros de nenhuma das duas seções da sociedade de psicanálise e Marcondes não conseguira captar um real investimento para a formação de psicanalistas, acabou por fechar a entidade que havia fundado, encerrando em 1930 as atividades da primeira sociedade de psicanálise do Brasil e da América Latina (Sagawa, 2008).

Segundo Sagawa (2008), a sociedade constituída por Durval Marcondes e Franco da Rocha teve, durante os três anos de atividade, o mérito de divulgar a psicanálise e criar um centro de debates, não conseguindo atingir o objetivo de seu idealizador, que era incentivar a formação em psicanálise. Durval Marcondes, politicamente desprestigiado no meio dos médicos pau-

14 Max Eitington (1881-1943), apesar de sua pequena experiência na clínica psicanalítica, foi valorizado por Freud por sua grande contribuição enquanto organizador e professor, à frente do Instituto Psicanalítico de Berlim. Foi ele o organizador das normas para a formação de psicanalistas que vigoraram na IPA durante 30 anos. Junto com Ernest Simmel, fundou e financiou, com seus próprios recursos, o Instituto de Treinamento e a Policlínica de Psicanalítica em Berlim (Bretch, 1985: 32).

O "Círculo Secreto" formado por Freud em 1912 reunindo os discípulos fiéis aos princípios originais da Psicanálise. Da esquerda para a direita, Otto Rank, Sigmund Freud, Karl Abraham, Max Eitingon, Sandor Ferenzi, Ernest Jones e Hans Sachs. Foto de 1922.

listas e dos psicanalistas internacionais, sentiu-se fracassado nessa primeira fase do seu intento.

Já do outro lado do Atlântico, no mesmo período, em que pese a crença nas resistências que mobilizou (Freud, 1914: 54), a psicanálise expandia-se velozmente no mundo ocidental desenvolvido. Para Freud (1914: 54), a publicação dos textos "A interpretação dos sonhos" em 1900 e "Chistes e sua relação com o inconsciente" em 1905 marcou a fundação de sua doutrina, reunindo interesses de outros ramos de conhecimento para além da psiquiatria. Justamente por isso, ele concebeu, em 1907, a fundação de uma associação oficial, a International Psychoanalytical Association – IPA, que tinha como objetivo primeiro delimitar institucionalmente o campo psicanalítico e estabelecer regras e normas de reconhecimento de pares, bem como impedir o uso abusivo da psicanálise. Assim, além de Viena, em 1900, surgiram mais dois grupos – Zurique e Berlim – e rapidamente a psicanálise foi difundida[15], estabelecendo suas relações tanto com a psiquiatria como com outros campos do saber, segundo diferentes modalidades locais.

Do lado de cá, o vento não estava ajudando, mas Durval e seu pequeno grupo não desistiram. Sem apoio local, buscaram associar-se à IPA de modo a dar consistência às suas investidas e angariar maior credibilidade para a psicanálise. Foi para isso que, após a leitura do "manual" da IPA, Durval começou a buscar "importar" um psicanalista didata. Foi sua nova empreitada após a dissolução da primeira sociedade.

Primeiramente obteve a promessa da vinda de René Spitz, mas as negociações, além de sofrer resistências políticas, terminaram prejudicadas pela interceptação de correspondência durante a revolução de 1932 em São Paulo. Durval tentou trazer um outro psicanalista pela inclusão da psicanálise no projeto de criação da Universidade de São Paulo – USP, em 1934. No projeto, chegou a constar uma cadeira de Psicanálise no curso de Medicina. Entretanto, ao ser implementado o programa, a psicanálise foi retirada, "sem que ninguém soubesse dizer de quem fora o dedo gigante" (*apud* Sagawa, 2002: 50).

Depois da mais obstinada insistência, por intensa correspondência com os líderes da IPA, Marcondes conseguiu finalmente que o Brasil figurasse como opção entre os países que ofereciam condições para receber analistas europeus, já que estavam interessados em deixar a Europa, ameaçada pela guerra e a perseguição étnica.

Após ter perdido as duas ocasiões de trazer para cá psicanalistas europeus formados pela IPA, surgiu em 1936 uma terceira oportunidade. No *Congresso Psicanalítico Internacional de Marienbad*, Ernest Jones, na condição de presidente da IPA, tomou conhecimento de que Adelheid Koch estava pretendendo emigrar da Europa. Jones lembrou-se de Durval Marcondes e,

15 Em 1906 já estavam fundadas as sociedades psicanalíticas de Budapeste, Londres e Nova York, além da Sociedade Norte-Americana em Boston. Em 1917 foi criada a Sociedade Holandesa, em 1919 a Sociedade Suíça e em 1922 a Associação Psicanalítica Russa. Em 1923, as *Obras Completas* foram publicadas em espanhol, em 1925 foi criada a Sociedade Psicanalítica Italiana e em 1926 a Sociedade Psicanalítica de Paris. Além disso, a influência da psicanálise no movimento surrealista revela, a partir das primeiras décadas do século XX, a importância da descoberta do inconsciente e sua relação com a arte e a intelectualidade (Russo, 2002: 15).

junto com Otto Fenichel[16], deu autorização a Koch[17] para exercer as funções de analista didata no Brasil (Sagawa, 2002: 67).

Assim, em outubro de 1936, Dra. Koch e sua família chegaram a São Paulo e, logo que se adaptaram à nova terra e aos costumes locais, ela iniciou, no consultório de Marcondes, a análise de Virgínia Bicudo – educadora sanitária – e mais três médicos, incluindo o próprio Durval Marcondes (Noseck, 1994: 18). "Coloquei Dra. Koch no meu consultório e ali se estabeleceu a primeira atividade do que é hoje o Instituto de Psicanálise de São Paulo. Eu procurei interessar jovens que então estavam desejando ter um preparo analítico. E começaram então as primeiras análises didáticas [...]" (*apud* Sagawa, 1992: 90).

Nesse momento, o processo de institucionalização da psicanálise em São Paulo enquadrou-se nos moldes estabelecidos pela IPA, mas só em 1945, ao final da guerra e por causa dela, o futuro instituto obteve reconhecimento provisório como grupo de estudos. Sua filiação definitiva à IPA foi recebida em 1951, durante o Congresso de Amsterdã (Sagawa, 2002: 89).

Portanto, podemos verificar que tal orientação colocou definitivamente a difusão da psicanálise de São Paulo subordinada ao controle da IPA, já que Durval e seu grupo reconheceram a instituição como aquela que possuía autoridade para permitir o funcionamento provisório de uma sociedade como grupo de estudos, reconhecê-la como apta a formar psicanalistas, assim como a aprovar trabalhos a serem apresentados em seus congressos – eram apresentados pelos candidatos a psicanalista didata. Dessa forma, o desenvolvimento da psicanálise em São Paulo, assim como nos países emergentes e distantes de Berlim – considerado na época o centro de todo o movimento psicanalítico internacional –, pagou esse tributo.

Podemos supor, assim, que o processo de institucionalização da psicanálise no Brasil, a partir desse momento, seguiu rumos distintos em São Paulo e no Rio de Janeiro. Por insistência de Marcondes, a criação de uma

---

16 Otto Fenichel era na ocasião analista didata de Adelheid Koch.

17 Adelheid Lucy Koch (1896-1980) formou-se médica pela Universidade de Berlim, em 1924. Em 1929, ingressou como candidata no Instituto de Psicanálise de Berlim, tendo se submetido à análise didática durante quatro anos e meio, com Otto Fenichel. Recebeu supervisões clínicas da Dra. Salomé Kemper e da Dra. Tereza Benedek. Tornou-se membro da Sociedade de Psicanálise de Berlim em 1935, tendo apresentado, nessa ocasião, o trabalho "Análise da resistência numa neurose narcísica".

nova Sociedade Brasileira de Psicanálise de São Paulo (SBPSP) em 1951 foi reconhecida pela IPA, contando exclusivamente com recursos próprios.

Os caminhos e descaminhos cariocas

Passemos agora à análise do processo no Rio de Janeiro, a partir de 1930, quando o fechamento da SBP separou completamente o grupo de Marcondes do movimento carioca, àquela altura voltado apenas para o estudo da psicanálise, para publicações sobre sua utilidade para a psiquiatria e para a tradução da obra de Freud. Não havia nenhuma preocupação com a profissionalização autônoma de sua prática.

Para melhor compreendermos a absorção da psicanálise pela comunidade local, assim como sua função dentro da psiquiatria carioca e também do projeto de políticas públicas de saúde do Estado, discutiremos inicialmente como alguns dos conceitos freudianos mais importantes foram utilizados pelo grupo de estudiosos que por ela se interessaram a partir da década de 1920.

Entre as questões conceituais, não podemos deixar de citar os problemas introduzidos pela tradução[18]. Ressalte-se que grande parte da tradução das *Obras completas de Sigmund Freud* foi feita no período por nós aqui estudado e a partir da tradução do inglês. Assim, por exemplo, o termo *Trieb* havia sido traduzido para o inglês como *instinct*, sem que se considerasse que em alemão existem duas palavras com sentidos próximos – *Trieb* e *Instinkt*. Freud, quando propôs o conceito, inicia o texto "Trieb und Triebschicksale" (1915) estabelecendo a distinção entre o fenômeno psíquico da impulsão e o fisiológico instintual que se observa nos animais. Em função disso, a tradução para o português – *instinto* – provocou modificações essenciais no conceito, afastando-o do caráter de uma representação psíquica e aproximando-o do campo da biologia.

---

18 A terminologia técnica de Freud recorreu a palavras em alemão da psicologia, psicopatologia e neurofisiologia do seu tempo, dificultando uma tradução fiel. É preciso encontrar fatos, ideias assim como o direcionamento que se encontram por trás da longa e fértil evolução do pensamento de Freud, nas polissemias e nas superposições semânticas. Portanto os problemas advindos das diferentes traduções – para o francês, o inglês, o espanhol – colocam em cheque fatores culturais e históricos para as traduções. Vale ressaltar que, até hoje no Brasil, a tradução utilizada pela maioria dos estudiosos, estabelecida pela Imago, foi originada da tradução para o inglês (Laplanche e Pontalis, 1983: 5-12).

Na passagem da edição freudiana do alemão para o inglês e do inglês para o português, há sempre um a mais que se perde – a originária experiência da psicanálise –, dando lugar a um resto, um traço – "a impressão"[19]. Assim, o historiador da psicanálise, ao discutir seu percurso desde a singularidade em Freud até seu público, não pode falar da exterioridade do objeto; há que incluir essa dimensão da tradução, essa perda que se dá entre a verdade material e a verdade histórica, a segunda como presença do recalcamento sofrido pela primeira[20] (Derrida, 2001: 77).

Mas as questões não se limitavam a um problema de tradução, que, diga-se de passagem, foi influenciado pela tendência organicista do período. Havia, pois, um recorte de leitura que permitia a compreensão e a apropriação das ideias freudianas segundo o contexto da época. Mas, além das inevitáveis alterações provocadas pela tradução da obra de Freud, que até hoje preocupam seus seguidores, merecem especial atenção as diferentes leituras que foram feitas do texto freudiano naquele período.

Podemos afirmar, portanto, que houve uma apropriação específica da teoria psicanalítica pelo meio psiquiátrico carioca. Ela foi utilizada mais como instrumento auxiliar para a investigação da etiologia da alienação (pelo estudo de traumas adquiridos na infância, associados ao desenvolvimento da sexualidade) do que propriamente como uma teoria em si mesma. Mais ainda, os fragmentos e mesmo os textos escolhidos, bem como o esquecimento de outros, a transformaram em um poderoso auxiliar na prevenção, pensada portanto como ferramenta que auxiliaria a garantir uma população sadia para o projeto de nação em construção (Ponte, 1999).

Além disso, a leitura peculiar que Freud faz do aparelho psíquico – como advindo de uma mistura entre o componente orgânico e a influência

19 Jacques Derrida, no título de seu livro, chama a psicanálise de "uma impressão freudiana", apontando para uma forma de perversão radical presente na própria impressão do texto que funciona como limite a todo e qualquer arquivo, enquanto tal (Derrida, 2001).

20 Essa questão será retomada adiante, pois é a base da discussão sobre a busca da legitimidade das instituições psicanalíticas, especialmente a IPA. Em maio de 1936, por ocasião do domínio nazista em Berlim, a Sociedade Psicanalítica de Berlim, considerada o berço da psicanálise na Europa, foi dissolvida, na medida em que foi banido o nome de Freud, assim como seus trabalhos e de todos os psicanalistas judeus. Alguns psicanalistas arianos, inclusive Werner Kemper – fundador da Sociedade Psicanalítica do Rio de Janeiro – permaneceram trabalhando no Instituto de Pesquisa Psicológica e Psicoterápica – Instituto Göring – criado para abrigar todas as correntes psicológicas a serviço do Reich e das tropas comunistas. Ainda assim, estes psicanalistas permaneceram filiados à IPA (Brecht, 1985: 140-146).

do meio – serviu para sustentar a forte contribuição do sexual (no sentido concreto do termo) na origem das doenças mentais, dando voz à condenação da sexualidade livre, que contribuiria para o aumento da degenerescência (Ponte, 1999: 53-56).

Assim, ao mesmo tempo que a tradição organicista se tornava hegemônica na psiquiatria carioca, como nos principais centros de estudos mentais europeus e norte-americanos, ela estabelecia com a psicanálise uma relação peculiar da não-contradição (Facchinetti, 2007: 2). Foi nessa chave de compreensão que a psicanálise passou a circular nos meios da psiquiatria e da medicina legal, da educação e da higiene, de modo a servir como fonte de interpretações e de prescrições para o controle terapêutico e moral (Facchinetti e Ponte, 2003: 59-83).

A Difusão da Psicanálise na Psiquiatria Carioca

Consideramos período de difusão aquele em que as descobertas de Freud, já conhecidas no Brasil, tomaram o rumo de formar um campo específico de saber. O conhecimento das ideias freudianas provocava reações diversas no âmbito da comunidade científica, bem como entre escritores, jornalistas, artistas, médicos, juristas. Para alguns, a psicanálise deveria ser incorporada ao saber estabelecido, valorizando-o e lhe conferindo *status*; para outros ela despertou interesse pelo estudo e aprofundamento teórico, ainda que não sistematizado. Assim, entendemos que o termo "difuso" traduz melhor a situação indiferenciada que a psicanálise ocupava nesse período. Ora tomada como prática terapêutica, ora como extensão de conhecimento, ora como conjunto de princípios morais ou posição filosófica, ela participava de outros campos de saber e de atividade na medida da forma que tomava.

Assim, o exame do modo como os conceitos psicanalíticos foram apropriados pelos leitores-psiquiatras da época pode nos revelar o campo das negociações em que a psicanálise emergiu no Rio de Janeiro. Com a finalidade de demonstrar aquilo que estava sendo privilegiado na leitura da psicanálise, bem como seus modos de uso, selecionamos nos textos de autores importantes do período conceitos e questões para confrontá-los com a maneira como foram desenvolvidos na obra de Freud.

Sem dúvida, os temas privilegiados pelos autores cariocas – que se diziam muitas vezes psicanalistas –, ou mesmo entre os que apenas se utilizavam de leituras freudianas para análise de diferentes conteúdos, a partir da década de 1920, circunscrevem-se monotonamente às mesmas questões: tratam sempre da relação entre indivíduo e sociedade, da sexualidade, do trabalho e da infância, conformando, portanto, com a psiquiatria, a higiene mental e a eugenia, um campo único de preocupações.

Por exemplo, Porto-Carrero, por ter publicado extensa obra[21] sobre a teoria freudiana, a maior parte em artigos redigidos para conferências, e por ter iniciado desde então a aplicação de técnicas psicanalíticas em sua prática, é frequentemente considerado um precursor da psicanálise. Seja o primeiro, o mais importante ou não, o fato é que, desde 1929, imprimiu orientação psicanalítica em suas aulas de Medicina Legal na Faculdade de Direito do Rio de Janeiro e criou, em 1928, dentro da Liga Brasileira de Higiene Mental (LBHM), uma clínica para a prática da psicanálise (Reis, 1996). Estudioso da psicanálise, aplicava a teoria freudiana com a finalidade de modelar o caráter da criança que, segundo ele, era produto dos estímulos do meio sobre a herança biológica (Porto-Carrero, s/d: 177). Enfatizava o papel da escola, segundo o método da "escola ativa", como substituto coercitivo da perversão e dos impulsos naturais que o "despreparo do convívio familiar" costumava, segundo ele, estimular. Imputava ao Estado a responsabilidade pela fiscalização e supervisão da tarefa dos pais, que, "em função da vida moderna", seriam "inaptos e claudicantes para educar os filhos".

> **[...] o monstrengo, vítima da arte de perverter, só aos oito anos chega às mãos do mestre. E diz-se que a escola deve ser a continu-**

21 Porto-Carrero formou-se em 1910 na Faculdade de Medicina do Rio de Janeiro, foi médico da Marinha e professor da cadeira de medicina legal da Faculdade de Direito da Universidade do Rio de Janeiro, membro da LBHM, onde criou a clínica de psicanálise (1926), membro da Academia Nacional de Medicina (Russo, 2002: 15). Entre suas publicações destacamos: 1925 – *Aspectos clínicos da psicanálise*. 1926 – *Educação e psicanálise*. 1927 – *Conceito de história da psicanálise; O caráter escolar segundo a psicanálise*. 1927 – *Em torno da mesa; Variações sobre o narcisismo; Contra o alcoolismo; Conceito breve de psicanálise; Bases da educação moral brasileira; Educação e psicanálise; Aplicação psicanalítica e formação moral da criança* e *Da conjugação dos símbolos*. 1928 – *Leitura para crianças; Conceito psicanalítico da Pena; Profilaxia dos males da emoção; O ponto de vista metodológico; A formação moral da criança; Conferência de vulgarização*, a terceira da série da LBHM; *A arte de perverter; Conceito e história da psicanálise; Instrução e educação sexuais; O caráter do escolar segundo a psicanálise* e *Sobre o suicídio*. 1929 – *A psicanálise – seu conceito e esfera*. 1930 – *Angústia do ponto de vista da psicanálise; Sobre o exame pré-nupcial; Da angústia*. 1931 – *A pesquisa do inconsciente e a sua significação médica e científica*. 1932 – *A psicologia profunda ou psicanálise*. 1933 – *Sexo e cultura; Psicanálise de uma civilização; O sentimento de inferioridade física; Ensaios de psicanálise*. 1932 – *Ensaios de psicanálise*; tradução de *O futuro de uma ilusão* (*apud* Mokrejs, 1993: 296-306).

> **ação do lar; puro engano; o lar deve ser a antecipação da escola. Se a paternidade e a maternidade não dão a ninguém conhecimento de psicologia e pedagogia, mais valera que o Estado não consentisse que, à sombra do pátrio poder, se cometessem tantos crimes (Porto-Carrero, s/d: 192).**

Na década de 1930, chegou a corresponder-se com Freud e participou da equipe que, em 1930, fez a primeira tradução de suas obras (*apud* Oliveira, 2002: 145)[22]. Isso não o impedia de, alinhando-se às fileiras da Liga, firmar sua posição de acordo com a psiquiatria vigente, que apontava para o controle populacional como indispensável para a normalização e, por conseguinte, para o progresso da nação (*apud* Costa, 1979: 28). Tal direção aparece quando Porto-carrero fala que o controle social é indispensável para a prevenção da "degeneração da população". "O homem busca poupar a sua energia pela adaptação; e para esta, o meio, a princípio, começa por opor obstáculos à exteriorização absoluta dos impulsos; até que, por fim, a formação mais completa do Ego opera internamente uma série de fenômenos inibitórios, que facilitam a adaptação" (Porto-Carrero, s/d: 29).

Verificamos assim que a palavra *Verdrängung* – como conceito, "a pedra fundamental sobre a qual está alicerçada toda a estrutura da psicanálise" (Freud, 1914: 173) –, ao ser traduzida para o inglês como *repression*, implicou uma distorção do conceito. O termo, que indica "uma forma de condenação que consiste em afastar e manter à distância" vinda do interior mesmo do sujeito (Freud, 1914: 170), é diferenciado por Freud do termo *Repression*, entendido como um impedimento advindo de autoridade ou impossibilidade externa, ligada à moral social. Assim, retomado como *repressão* por "psicanalistas"[23] como Porto-Carrero, o termo passou a ser utilizado não como elemento que participa de maneira fundamental da estruturação do aparelho psíquico e em função do qual vão se delinear todos os mecanismos das neuroses e das perversões. A ideia de repressão tornou-se, como pensava

22 Publicações da editora Guanabara, Waissman-Koogan, do Rio de Janeiro, em português, sete volumes com 52 títulos. Encontramos na SPB-RJ o v. I – Charcot. A histeria. Rio de Janeiro: Delta, s/d., traduzido por Magalhães de Freitas, cujo prefácio apresenta a relação de tradutores: Odilon Gallotti, Elias Davidovich, Isaac Izecksohn, Gladstone Parente, Porto-Carrero e Moysés Gikovate.

23 Considero, como Freud, que a prática da psicanálise sem submeter-se a análise pessoal, análise didática e supervisão é uma psicanálise selvagem.

Roxo ao prescrever a liberação das relações sexuais para seus pacientes homens, um limite civilizatório necessário e recurso terapêutico (Roxo, s/d). "A doutrina de Freud procura explicar tudo como um traumatismo de natureza sexual, que, tendo agido poderosamente sobre o indivíduo, vive recalcado, com o temor das convenções sociais, mas influenciando poderosamente o raciocínio de cada instante" (Roxo, 1925: 48).

De fato, é isso que diz Freud[24], mas tanto para Roxo como para Porto-Carrero, trata-se de uma ótica coercitiva do mundo exterior dirigida aos "impulsos naturais" para adequá-los a interesses superiores, o que constitui a formação da neurose. Porto-Carrero estabelece para o conceito de *superego* uma leitura também adaptativa com função correlativa aos ideais civilizatórios. "Educar é criar um Super-Ego. [...] é a resultante de todas essas concurrencias, moldadas sobre o núcleo parental que criou o Ideal do Ego e logo o Super-Ego critico e censor" (Porto-Carrero, s/d: 178).

Assim, em suas publicações e conferências, Porto-Carrero destaca o valor das descobertas psicanalíticas, quer como etiologia das neuroses, quer como estudo de sociologia moral para a felicidade dos seres humanos (Porto-Carrero, 1928: 21), o que indica uma leitura de adaptação do indivíduo para a "felicidade" da coletividade.

A aplicação da psicanálise na pedagogia e na educação sexual também nos deixa perceber o valor por ele atribuído ao conflito dos impulsos inconscientes, em sua relação com o meio, como pedra angular da configuração do aparelho psíquico para Freud, situando-o na relação do indivíduo com o meio social. "Toda a vida se passa num trocar incessante de energia, entre o indivíduo e o ambiente. O excesso de carga interna exige, para o perfeito equilíbrio, que certa porção de energia se exteriorize em direção do ambiente" (Porto-Carrero, s/d: 15).

Até o conceito de libido, fundamental para a construção do pensamento psicanalítico, nunca foi descolado da visão fisiológica, mas visto como uma energia fisiológica ou elétrica, capaz de ser descarregada por meio de um trabalho concreto e não psíquico, considerado um componente fundamental para o homem civilizado: "O methodo da *sublimação* [...] Por ele se procura distrair o

24 Conflito: "fala-se em psicanálise de conflito quando, no indivíduo, se opõem exigências internas contrárias. O conflito pode ser manifesto ou latente [...]. A psicanálise considera o conflito constitutivo do ser humano [...]". Ver Laplanche e Pontalis (1983: 131).

doente, entregando-o a um trabalho que lhe empolgue a attenção, ou a um divertimento que lhe desvie o pensamento do complexo torturante" (Roxo, s/d: 740).

Em 1896, no texto "Hereditariedade e a etiologia das neuroses", ao introduzir o conceito de libido como uma energia completamente distinta da excitação sexual somática, Freud considera suas duas dimensões: quantitativa e qualitativa. A dimensão quantitativa estaria relacionada à grandeza de tudo que se refere ao amor, sob forma de pulsão, enquanto que a dimensão qualitativa seria a manifestação dinâmica da pulsão sexual na vida psíquica. Esse texto é caro a Freud também no sentido de demonstrar que não há na neurose qualquer degeneração, o que rompe assim com o modelo psiquiátrico de sua época (Birman, 1989: 40) e parece passar despercebido pelos psiquiatras cariocas que leram seu trabalho então.

Através do texto "Moral sexual 'civilizada' e doença nervosa moderna"[25] (Freud 1908/1969), podemos inferir as possíveis interpretações do pensamento freudiano. Nele Freud retoma o que já vinha descrevendo, ou seja, a etiologia sexual das neuroses, para estender-se sobre a complexidade da vida sexual e relacioná-la com as exigências da civilização. Freud observa a relação entre o grau de liberdade e restrições de uma civilização e o aparecimento das neuroses e das perversões, levantando três questões fundamentais para a compreensão do problema: 1. Qual é o trabalho que as exigências da civilização propõem ao indivíduo? 2. A satisfação sexual permitida consegue oferecer uma compensação à renúncia exigida? 3. Qual é a proporção entre os danos eventuais dessa renúncia e as perdas para efeito da civilização? Tal discussão o leva a concluir que a limitação da atividade sexual de um povo produz uma angústia vital que reduz o desejo, suprime a disposição de enfrentar a morte para atingir um fim, excluindo-o de sua participação no futuro.

Birman (1991), ao denunciar a constante reformulação que Freud dava às suas construções teóricas, que, segundo ele, estavam sempre aquém da experiência analítica originária, nos ajuda a compreender como o criador da psicanálise já se preocupava com a questão da interpretação. Freud reco-

25 Sendo Porto-Carrero um tradutor das obras de Freud, teve acesso ao texto, já que foi escrito em 1908. Outro texto que trata do assunto, "O mal-estar na civilização" de 1930, provavelmente ainda não havia sido publicado. Importa ressaltar que "Moral sexual 'civilizada' e doença nervosa moderna" encontra-se também entre os textos de Freud que serviram de base à compreensão de Mario e Oswald de Andrade quanto ao prejuízo que a civilização ocidental causava ao país (*apud* Facchinetti, 2001: 108).

nhecia a precariedade do discurso explicativo e revelava que a verdade do sujeito sempre escapava ao discurso. No entanto, diz Birman, mesmo assim, a psicanálise pós-freudiana – e aqui podemos ressaltar a psicanálise lida por nossos psiquiatras cariocas – teve uma postura predominantemente corretiva quanto à anomalia psíquica (Birman, 1991: 39).

Assim, o fato de Porto-Carrero – um dos primeiros tradutores das obras de Freud para o português – ser também um dos membros fundadores da LBHM não pode ser negligenciado. Sua obra expressa como a psicanálise pôde estabelecer uma convivência com a higiene e a eugenia através da nova abordagem do papel da sexualidade no processo civilizador (Russo, 2002: 21). A maneira como aplicava a psicanálise na pedagogia e na educação sexual nos deixa perceber o compromisso com o projeto de governo que buscava produzir um cidadão saudável para um Brasil moderno.

Outro autor do período da difusão, Arthur Ramos[26], preocupava-se também, é claro, com as questões sociais. No início de sua obra, utilizou um enfoque clínico da psicanálise. Posteriormente (1935), ao retomar Nina Rodrigues, passou a utilizar-se de fundamentação antropológica. Como Porto-Carrero, Ramos procurou aplicar a teoria psicanalítica nas manifestações do alienado, da criança, da família e outros grupos sociais[27]. Em 1926, em sua tese de doutorado – *Primitivo e loucura* –, assim como em seu trabalho para a livre docência na faculdade de medicina na Bahia – *A sordície nos alienados* –, utilizou-se da psicanálise para explicar as manifestações primitivas dos alienados. Como Freud, acerca das teorias sexuais infantis (Freud, 1930: 103), Ramos acreditava na fixação da libido nas primeiras experiências infantis,

---

26 Arthur Ramos, livre docente da Faculdade de Medicina da Bahia, mostrou-se estudioso da psicanálise desde 1926, quando escreveu "Primitivo e Loucura", sua tese de doutoramento. Tentou integrar a psiquiatria e a psicanálise, escrevendo, a partir das observações de seus próprios clientes, *Psiquiatria e psicanálise* (1933). Conduziu-se pela orientação da escola de Zurique (Jung e Bleuler), interessando-se pela atividade onírica, artística e mitológica. A partir de 1935, quando publicou *Introdução à psicologia social,* Ramos fundamenta suas pesquisas em teorias antropológicas (Mokrejs, 1993).

27 Textos de Ramos: 1925 – *Augusto dos Anjos à luz da psicanálise.* 1928 – *A sordície dos alienados.* 1931 – *Estudos de psicanálise.* 1932 – *Um caso de psicose de reação; Contribuição ao estudo da paranóia; Uma orientação biodinâmica e evolucionista da psicanálise de Smith Ely Jellife e sua Obra; Estudos de psicanálise; A psicanálise ativa de Steckel.* 1933 – *O movimento psicanalítico no Brasil; Ensaios de psicanálise ortodoxa e herética; Psicanálise, psicologia individual e psicossíntese respectivamente nas teorias de Freud, Adler e Jung; Psiquiatria e psicanálise.* 1934 – *Educação e psicanálise; Os furtos escolares.* 1936 – *Introdução à psicologia social.* 1937 – *A mentira infantil; Loucura e crime.* 1938 – *A dinâmica afetiva do filho mimado; O problema psicossociológico do filho único.* 1939 – *Pauperismo e higiene mental; A pré-delinqüência infantil; Saúde do espírito; Tiques e ritmias na criança escolar* (*apud* Mokrejs, 1993).

especialmente na fase erótico-anal. Em seu livro *Psychiatria e Psychanalyse* (Ramos, s/d), aponta que a psicanálise conceitua a doença mental como uma forma de desvio e, como em Porto-Carrero, que as forças constitutivas da personalidade resultam de uma *luta* do interior do indivíduo com o meio, cujo desfecho pode provocar o sofrimento e o desajuste.

O conceito de conflito, base da constituição humana para a psicanálise, sofreu, assim, uma adaptação à ideia de degenerescência[28], seguindo a forma como a psiquiatria situava os distúrbios mentais. Ramos descreveu o antagonismo entre o *princípio de prazer* e o *princípio de realidade*[29] como o encontro de forças no qual as manifestações humanas eram determinadas (Ramos, s/d: 19). No artigo "A angústia: ensaio clínico psicanalítico" (1931), ele qualificava o avanço do progresso, atribuindo-lhe a responsabilidade pelo surgimento da angústia (*apud* Mokrejs, 1993: 193). Assim, o conflito, para ele, já não se refere à dimensão intrapsíquica, como Freud conceituou, e passa a servir à compreensão dos distúrbios sociais, conforme era a preocupação da psiquiatria da época.

Associando a educação à psicanálise, em um compêndio das ideias freudianas aplicadas à pedagogia, Ramos propunha, como nos princípios da *Escola Nova*[30], uma pedagogia que respeitasse a personalidade da criança em vez da rigidez da escola tradicional. Influenciado pela antropologia da época, utilizou a teoria psicanalítica na compreensão das especificidades da infância, da cultura e da raça e os efeitos do meio. É dele a afirmação de que "a mentalidade do homem 'branco, adulto e civilizado' será sempre permeada de influências primitivas e elementos pré-lógicos" (*apud* Mokrejs, 2003: 195).

Sobre as consequências das inúmeras interpretações adaptativas sofridas pela psicanálise a serviço da psiquiatria da época, vale a pena atentarmos

---

28 "Degenerescência são desvios doentios em relação a um tipo normal da humanidade, transmitidos hereditariamente. [...] uma vez que a doença se instala, ela segue seu curso e se transmite aos descendentes até a extinção da linhagem" (Castel, 1978: 159).

29 Princípio de prazer: "um dos princípios que regem, segundo Freud, o funcionamento mental; a atividade psíquica no seu conjunto tem por objetivo evitar o desprazer e proporcionar o prazer", Princípio da realidade; "[...] forma par com o princípio do prazer e modifica-o; na medida em que consegue impor-se como princípio regulador, a procura da satisfação já não se efetua pelos caminhos mais curtos, mas toma por desvios e adia o seu resultado em função das condições impostas pelo mundo exterior". (Laplanche e Pontalis, 1983: 466 - 470).

30 Movimento que ganhou força em 1930 e que, baseado nas ideias de igualdade entre os homens, propunha a educação pública, laica e gratuita como elemento-chave para a reconstrução do país (Brito, 2006).

cuidadosamente para um outro personagem: Henrique Roxo[31]. Em seu livro *Manual de psiquiatria* (1925), por exemplo, já no início, sob o título de "Considerações geraes sobre as doenças mentaes", ele afirma: "a questão do inconsciente é de suma importância e doutrina há, em que ela vai influenciar consideravelmente na interpretação dos phenomenos" (Roxo, 1925: 13). Mas, contraditoriamente, alguns parágrafos a seguir, declara: "[...] não se poderá considerar verdadeiramente scientifico sinão aquelle phenomeno que se contiver rigorosamente nos domínios da anatomia e physiologia" (Roxo, 1925: 14).

Após os capítulos "Actos psychicos" e "Causas de alienação mental", um extenso capítulo final é dedicado à doutrina de Freud. Roxo mostra conhecer a teoria psicanalítica, mas manifesta-se absolutamente contrário em relação a alguns pontos fundamentais, como, por exemplo, a etiologia sexual das neuroses, a qual considera "um exagero"; a sexualidade infantil, para ele um "defeito da teoria"; a atração dos filhos pelo sexo oposto do casal parental, compreendida no complexo de Édipo, que considera um "absurdo", e, por fim, nega também que a interpretação dos sonhos seja um poderoso recurso da psicanálise (Roxo, 1925: 709-716).

Considerando que Roxo, na época, estava à frente da cadeira de Psiquiatria da Faculdade de Medicina do Rio de Janeiro e era o responsável pelo ensino da psicanálise naquela instituição, não é possível desconsiderar sua importância para uma determinada leitura e difusão da teoria psicanalítica. Vejamos como se posiciona em relação a uma questão fundamental para a teoria psicanalítica – a sexualidade: "Defeito da theoria é dizer que a sexualidade já existe desde a infância, manifestando-se nesta aos 3 ou 4 annos [...] Em tudo isto há um grande exagero de Freud, pois em qualquer destes casos não pode haver, evidentemente, qualquer idea de natureza sexual" (Roxo, s/d: 714-715).

No que diz respeito à sexualidade, Freud havia escrito no capítulo II dos "Três ensaios sobre a teoria da sexualidade" (1905) inúmeras referências a uma série de excitações e de atividades presentes desde a infância, que buscam um prazer que é irredutível à satisfação de uma necessidade fisiológica.

---

31 Henrique Roxo, precursor no Brasil da farmacoterapia, usando ervas medicinais brasileiras, foi, como dissemos no Capítulo 2, catedrático de psiquiatria da Faculdade Nacional de Medicina (1904), dirigindo o Pavilhão de Observação da Clínica Psiquiátrica; em 1944 entrou para o SNDM e em 1936 foi diretor do IPUB (Mokrejs, 1993).

Além disso, é categórico em afirmar nessa obra que a criança é sexualizada desde sempre e que todos somos perverso-polimorfos, afastando-se da separação radical entre loucura e normalidade.

Com relação ao termo *Complexo de Édipo*, Freud, inspirado no mito grego, circunscreve conceitualmente o modo como o humano organiza suas escolhas de objeto. O complexo de Édipo e seu substrato – a interdição do incesto – não seriam redutíveis a uma situação real, mas estariam localizados no campo das fantasias inconscientes e na estruturação do aparelho psíquico. Como vimos acima, a citação de Roxo é pródiga em nos mostrar que sua compreensão da psicanálise passava longe das afirmações literais de Freud.

Dessa forma, consideramos patente a transformação sofrida pelos principais fundamentos da teoria psicanalítica, bem como sua redução a uma ferramenta a serviço da revelação dos mecanismos inconscientes presentes na personalidade do alienado.

Parece-nos, como afirma Ana T. Venancio, que "artigos [...] expressavam muito mais o ideal de uma formação erudita e ampla, ministrada por grandes catedráticos, do que propriamente sua aplicabilidade terapêutica [...] o que norteava a escola de Roxo era a firme crença na localização cerebral" (Venancio, 2004: 7).

O fato de Roxo pertencer a uma geração de psiquiatras que se preocupava com a explicação dos fenômenos psicopatológicos no âmbito da medicina legal fez com que ele também aproximasse a psicanálise de elementos da constituição orgânica a fim de compreender a personalidade dos criminosos: "Não pode ter o mesmo grau de responsabilidade o epiléptico que comete um crime em pleno impulso inconsciente [...]. Hoje em dia, toma-se muito em consideração a personalidade dos criminosos e analisar a sua constituição endócrina" (Roxo, 1961: 25).

Encontramos ainda em Austregésilo, (1932)[32] no capítulo VII, "Principios geraes de psicoterapia", de seu livro *Conceito clínico das psiconeuroses*, umas tantas páginas que apresentam as ideias de Freud, juntamente com a "sugestão", "a persuasão", "a crença religiosa", "o hipnotismo" e "a autossugestão". Ele se apoia no "espiritismo curativo tão espalhado pelo Brasil"

---

32 Discípulo de Juliano Moreira; médico, escritor e político, foi professor catedrático de neurologia da UB, utilizando uma forma original de alguns conceitos freudianos na sua clínica.

(Austregésilo, 1932: 161) para afirmar que a sugestão, a hipnose e a persuasão tornam o paciente "obediente" e acionam forças que através da "ideia" atuam psicoterapicamente sobre a ação, o movimento, a atividade visceral e a sensação (Austregésilo, 1976: 44-45).

Era uma constante no pensamento da psiquiatria da época a preocupação com o domínio do inconsciente no comportamento humano. Por isso, a maioria dos médicos, psiquiatras ou não, preocupada em compreender a influência dos fatores ambientais nos distúrbios psíquicos, concordava em eleger a psicanálise como recurso para auxiliar não só no diagnóstico, mas principalmente na prevenção e no controle da doença mental, promovendo, assim, a absorção dos conceitos psicanalíticos como um dos recursos dinâmicos da psiquiatria clássica.

Diante dessas considerações, podemos perceber que essas expectativas interferiram na interpretação dos conceitos psicanalíticos – utilizados como explicação biológica das manifestações psicopatológicas, ou transformados em sustentação para uma compreensão sociológica dos distúrbios. A essência da contribuição freudiana, no sentido de inaugurar um novo campo que operasse com a dimensão inconsciente, foi abandonada por aqueles que a difundiam no meio acadêmico e na assistência psiquiátrica carioca. Afinal, eram esses os personagens que estavam à frente das instituições públicas e das representações civis que conduziram o movimento psicanalítico no Rio de Janeiro.

Por outro lado, o fato de a experiência psicanalítica estar fundamentada na relação terapêutica despertou entre os psiquiatras, mesmo naqueles mais influenciados pela orientação organicista, o interesse pela relação médico-paciente[33]. A importância dessa técnica conferia à psiquiatria maior aceitação e credibilidade entre as demais especialidades médicas, proporcionando-lhe a expansão de seu poder de controle e prevenção no campo das relações sociais. Assim, o movimento psicanalítico de cunho sociológico foi ganhando importância para as políticas públicas de saúde, ao mesmo tempo que crescia a influência norte-americana no Brasil. Além disso, o enfraquecimento do movimento psicanalítico na Europa, em função do avanço nazista, contribuiu para a imigração de uma corrente marxista da psicanálise nos Estados Unidos que constituiu uma influente corrente sociológica (Brecht, 1985: 60).

33 V. conceito de transferência em Laplanche e Pontalis, 1983.

É interessante considerar, ainda, que, diferentemente do que acontecia com Durval Marcondes em São Paulo, não houve no grupo carioca qualquer manifestação de interesse na formação de psicanalistas, mantendo-se aqui, quando havia, a prática daquilo que Freud chamou de "psicanálise selvagem" (Freud, 1910/1969: 218)[34].

Foi assim que, na época, a difusão da psicanálise no Rio de Janeiro ficou sem definir seu campo próprio, à mercê das influências da psiquiatria e da forte ligação com a política pública de governo. Tal indefinição a deixou de fora do processo de institucionalização estabelecido internacionalmente pela IPA, única forma até então reconhecida para estabelecer o desenvolvimento da teoria, sua aplicação e ensino, como também o reconhecimento da formação de novos psicanalistas. Vejamos como isso se desdobrou no panorama do pós-guerra.

A corrida pelas sociedades psicanalíticas cariocas

Incentivados pela concorrência com São Paulo, que nessa época já conseguira uma analista didata, Adelheid Koch, para dar início à formação de psicanalistas (Noseck, 1944: 18) e insatisfeitos com a psicanálise ensinada na Faculdade de Medicina sob orientação de Henrique Roxo, um grupo de jovens psiquiatras recém-concursados do SNDM passou a se reunir na Faculdade de Filosofia, Ciências e Letras da Universidade do Distrito Federal, no Largo do Machado, para discutir as possibilidades da formação de psicanalistas no Rio de Janeiro, o que acabou por culminar na criação, em 1944, do Centro de Estudos Juliano Moreira (CEJM)[35], destinado ao estudo da obra de Freud (Perestrello, 1987).

É curioso que, apesar da experiência de São Paulo, o grupo do CEJM tenha ido buscar ajuda na APA[36] – já reconhecida pela IPA em 1942. É fato

34 Uso da prática sem a formação em psicanálise. Ver Freud, "Psicanálise selvagem" (1910/1969). Segundo a IPA, conforme vimos anteriormente, a formação deveria se compor de: análise pessoal, supervisão e seminários teóricos.

35 O grupo era constituído por: José Afonso Netto, Danilo Perestrello, Elso Arruda, Julio Paternostro, Oswaldo Domingues de Moraes e Walderedo Ismael de Oliveira. Mais tarde se juntaram a eles José Leme Lopes, Souza Viana, Januário Bittencourt, Mário Pacheco de Almeida Prado, Marialzira Perestrello, Gerson Borsoi, Benjamim Gaspar de Almeida, Asthon Bahia, Mathias da Costa, Lisandro Nicoletti, Waldemar Bernardinelli, João Marafelli Filho, Isaías Ferreira Paim, Olavo Rocha, Lisandro Nicoletti e Iva Weisberg, a única que não era médica (Facchinetti, 2008: 12).

36 Associação Psicanalítica da Argentina.

que nessa época a SBPSP ainda não havia recebido a chancela da IPA[37], mas também é importante lembrar que o modelo institucional nela implantado, em função de tal reconhecimento, era bastante distinto do que acontecia no Rio de Janeiro. Vale destacar que em São Paulo, assim como ocorrera anteriormente em relação à política de saúde pública[38], a entrada da psicanálise e a formação de psicanalistas se deram exclusivamente às expensas de Durval Marcondes e alguns outros interessados. No Rio de Janeiro, ao contrário, desde o início, ela entrou pela porta das instituições – SAP, HNA – e, depois, graças ao suporte financeiro do SNDM. O grupo de São Paulo, isolado pela psiquiatria local e pelo meio universitário, contava apenas com seu esforço próprio para cumprir as exigências da IPA. Já no Rio de Janeiro, a psicanálise, por ter sido apadrinhada pela maioria dos psiquiatras que ocupavam cargos nos órgãos públicos da assistência e na academia, contou desde o início com o interesse e o apoio político das instituições públicas de saúde.

Por outro lado, a semelhança das condições climáticas e a presença de população oriunda de forte corrente migratória da Europa, por ocasião da primeira guerra, deram à Argentina maior reconhecimento científico internacional, tornando-a, desde 1934, asilo de vários psicanalistas didatas transferidos da Europa[39].

Como vemos, não faltaram motivos para que os psiquiatras do CEJM buscassem apoio na APA. Foi assim que, em 1945, os psicanalistas da Argentina Arnaldo Rascovsky, Agel Garma, Georg Gerö, Marie Langer e Daniel Lagache foram convidados para vir para o Rio de Janeiro, onde muitos deles realizaram conferências e despertaram forte interesse no âmbito da psiquiatria, da ginecologia e da pediatria (Ponte, 1999: 80). Entretanto, nenhum deles quis permanecer no Brasil.

Se por um lado a ameaça nazista sofrida pelos psicanalistas europeus promovia o interesse de emigrar, por outro era dificultada sua instalação legal no Brasil. Em toda a década de 1930, a instabilidade econômica, polí-

---

37 Em 1945 a SBPSP recebeu o reconhecimento provisório como grupo de estudos e, em 1951, o definitivo como sociedade autônoma, como dissemos anteriormente.

38 Sobre a exceção de São Paulo em relação às políticas de saúde pública, ver Hochman, 2006:209-247. Ver também o Capítulo 2 deste livro.

39 Enrique Pichon-Rivière, Arnaldo Rascovsky, Arminda Aberastury, Angel Garma, Marie Langer e Celes Ernesto Cárcamo.

tica e social havia provocado uma crescente xenofobia, associada à ameaça de desemprego e a preocupações étnicas e de identidade nacional, que levaram o governo Vargas a limitar o fluxo imigratório. Assim, a Constituição de 1934 e depois a de 1937 estabeleciam cotas para o ingresso de mão de obra no país (Stepan, 2004: 379). O Brasil não representava na época, portanto, uma opção das mais vantajosas para atrair psicanalistas já instalados na Argentina.

Já que não obtiveram sucesso em trazer um psicanalista didata para o Rio de Janeiro, Walderedo Ismael de Oliveira e Danilo Perestrello decidiram ir para Buenos Aires, com o patrocínio do SNDM[40]. Conforme Facchinetti (2008: 13), o reforço que o movimento psicanalítico obteve com a liberação de bolsas foi produto da influência que algumas figuras da política de saúde[41], simpatizantes das ideias da psicanálise, exerciam na política de Adauto Botelho, diretor do SNDM. Esses personagens faziam parte do grupo que convivera com Juliano Moreira, seja no HNA, na Sociedade Brasileira de Psiquiatria, Neuriatria e Medicina Legal, na LBHM ou em outros lugares.

Com a finalidade de conseguir com Ernest Jones, presidente da IPA em Londres, a indicação de um psicanalista didata para o Rio de Janeiro[42], outro grupo se formara em torno de Domício Arruda Câmara para criar o Instituto Brasileiro de Psicanálise (IBP)[43] e, em janeiro de 1948, com o apoio da recém-criada Divisão de Polícia Marítima, Aérea de Fronteira (Serio, 1998: 219)[44], chegou Mark Burke[45], dando início imediato às análises de dez candidatos[46].

40 Os primeiros a seguirem para a capital argentina foram Alcyon Bahia, Mario Martins e sua esposa Zaira, médicos de Porto Alegre, que também faziam parte do quadro de psiquiatras do SNDM. As bolsas custeavam, por dois ou três anos, as despesas pessoais e as respectivas análises com didatas da APA (*Relatório da Sessão de Administração ao SNDM*, 1949).

41 Medeiros de Albuquerque, deputado, diretor do IPUB, depois ministro; Porto-Carrero, um dos criadores da LBHM, catedrático da Faculdade de Direito; Afrânio Peixoto, diretor do HNA, – todos difusores da psicanálise na época.

42 Vale lembrar que a maioria dos psicanalistas, inclusive Freud, havia imigrado para Londres e para os EUA, face ao avanço do domínio nazista na Europa. Sobre este assunto, ver Katz, 1985 e Roudinesco, 2006.

43 A criação de um instituto de psicanálise faz parte das exigências da IPA para avalizar o ensino teórico na formação de analistas (Facchinetti, 2008). A escolha desse nome sugere uma provocação à SBPSP (Serio, 1998: 215).

44 Criado em 1944, em substituição ao Departamento Nacional de Imigração (1938) e à Delegacia dos Estrangeiros (1941), esse órgão tinha a função de regular a imigração no país.

45 Mark Burke era membro da *British Psychoanalytical Society*. Judeu polonês, amante da música, falava várias línguas, inclusive o português. Divorciado, fugindo da perseguição nazista, chegou acompanhado do filho adolescente, inicialmente instalado no sanatório da Tijuca, às expensas de seu proprietário, Arruda Câmara. Mais tarde foi morar em Santa Teresa. Consta que ele não era didata e que sofreu dificuldades de adaptação às características da cidade (*apud* Facchinetti, 2003a:10).

46 Manoel Thomaz Moreira Lyra, João Cortes de Barros, Edgard Guimarães de Almeida, Luiz Lacerda Werneck, Pedro F. Ferreira e

Quase um ano depois, em dezembro de 1948, chegou ao Rio de Janeiro, também indicado por Eitington, o Dr. Werner Kemper[47], psicanalista formado pela Sociedade Psicanalítica Alemã (SPA). A vinda desse segundo nome está cercada de algumas versões importantes para a análise dos fatos. Primeiramente, Kemper havia solicitado a Jones uma indicação para fugir ao provável bloqueio de Berlim[48], que acabou se realizando em 1949 (Füchtner, 2003: 6). Consta, por outro lado, que Burke não se sentia em condições de atender toda a demanda que lhe era destinada e que crescia a cada dia (Ponte, 1999: 84). Além disso, a IPA recomendava que pelo menos dois analistas devessem se ocupar da formação: um tomaria a seu cargo a análise didática, deixando ao outro a supervisão.

A trajetória profissional de Kemper na Alemanha nazista durante o período de "arianização" da psicanálise vem causando polêmica sobre sua participação no processo de institucionalização da psicanálise. Alguns dos autores que consultamos consideram que sua participação no Instituto Göering (entre outros Facchinetti e Ponte, 2003: 11)[49], sua simpatia para com a ideologia nacional-socialista (Serio, 1998: 240), assim como sua função de consultor militar sobre indicações de tratamentos e outras medidas preventivas, de inspiração eugênica (Füchtner, 2003: 30), são fatores importantes para uma análise das vicissitudes da psicanálise no Brasil. Por outro lado, seu filho questiona as condições políticas que levaram o pai na época a tomar tais decisões, em nome da "salvação da psicanálise", adaptando-a ao cunho nazista (Serio, 1998: 219) e levando em conta as respectivas consequências. Entretanto, para os destinos da psicanálise no Rio de Janeiro é fundamental considerar os problemas de convivência surgidos entre Burke e Kemper, um judeu que fugiu da Polônia bombardeada e um alemão que,

---

Mário Pacheco de Almeida Prado (*apud* Serio, 1998: 221).

47 Analista didata da Sociedade Psicanalítica Alemã – DPG (1936), fez sua análise didática com Müller-Braunschweig, psicanalista não médico, e teve como supervisores Fenichel, Reich e Felix Boehm, considerado simpatizante do nazismo. Kemper foi "um bem-sucedido servidor" da DPG, contribuindo, em 1938, com as determinações nazistas para sua transformação e adesão ao Instituto Göring – Instituto Alemão de Pesquisa Psicológica, onde foi professor e diretor da Policlínica, no lugar de Rittmeister, que havia sido preso e dias depois assassinado por resistência ao nazismo (Füchtner, 2000: 4-5).

48 De junho de 1948 a maio de 1949, a Rússia impediu o acesso terrestre a Berlim, então ocupada pelas tropas aliadas, em combate com a ocupação nazista.

49 Instituto Alemão de Pesquisa Psicológica e Psicoterapia, criado em 1938, pelo regime nazista, com a finalidade de integrar todas as instituições ligadas à psicologia e às psicoterapias (Füchtner, 2000: 5).

gostando ou não, participara do governo nazista (Kemper *apud* Füchtner, 2003: 49).

Esses detalhes, aparentemente insignificantes e ignorados pela história oficial das sociedades psicanalíticas, merecem destaque, já que caracterizaram a complexidade do cenário em que se desenrolou o processo de institucionalização da psicanálise no Rio de Janeiro. A vinda de Kemper e Burke, embora indicada pela IPA, teve origem no interesse de um grupo de psiquiatras. Entretanto, foi graças ao patrocínio do SNDM que sua permanência, a fim de desenvolver a transmissão e a formação de psicanalistas, tornou-se possível. É importante lembrar que, embora o apoio financeiro para a formação de psicanalistas, prestado por Adauto Botelho à frente do SNDM, tivesse se prolongado mesmo após a chegada de Kemper e Burke, ele se manteve neutro em relação aos diferentes grupos[50], como testemunha a valorização igualitária atribuída ao trabalho dos dois analistas estrangeiros em entidades distintas e conforme mostram os recibos aqui inseridos (ver página seguinte). No entanto, isso não impediu que constantes divergências provocassem o esfacelamento e o enfraquecimento da autonomia do movimento psicanalítico carioca. Vejamos, então, a origem das tensões e das tendências que se formaram na corrida pela legitimação e representatividade da psicanálise no Rio de Janeiro.

Logo após a chegada de Burke e Kemper, os bolsistas do SNDM que haviam feito formação na Argentina[51] retornaram ao Rio de Janeiro, mas não se integraram aos psicanalistas chegados da Europa. Paralelamente a isso, em 1950, formou-se, em torno de Iracy Doyle[52], outro grupo, chamado Instituto de Medicina Psicológica (IMP), que ficou de fora dos embates pelo reconhecimento da IPA, já que foi criado nos moldes do William Alanson White Institute[53] (sociedade não pertencente à IPA), na qual Doyle havia completado sua formação em 1949.

---

50 Mesmo após o retorno em 1949 dos primeiros psicanalistas brasileiros já qualificados pela APA, encontramos recibos de pagamento tanto para o IBP, no qual Burke permaneceu até sua saída do Brasil em 1953, quanto para o CEP, criado por Kemper em 1951, quando de sua desavença com Burke (V. doc. na página seguinte).

51 Chamados "os argentinos": Ismael Walderedo, Danilo Perestrello e Alcyon Bahia.

52 Serio (1998: 215) se refere ao fato de Iracy Doyle ter desfeito seu casamento com Arruda Câmara assim que terminou sua formação nos Estados Unidos e fundou um grupo de orientação psicanalítica divergente.

53 Esse grupo seguia orientação das teorias de Sullivan, Horney, Erich Fromm e Clara Thompson, conhecidas como "culturalistas"

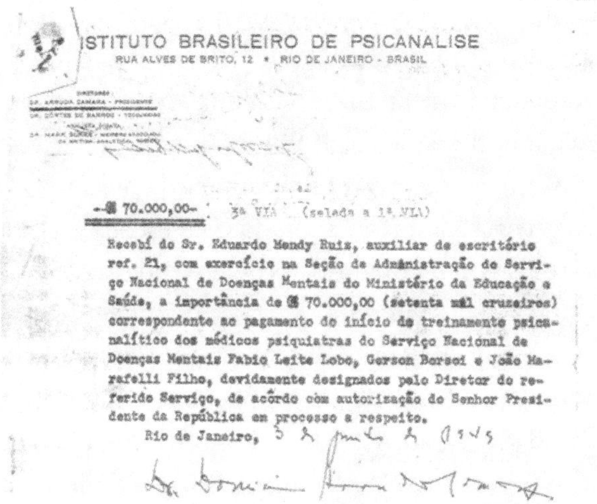

ISTITUTO BRASILEIRO DE PSICANALISE
RUA ALVES DE BRITO, 12 • RIO DE JANEIRO - BRASIL

-Cr$ 70.000,00- 3ª VIA (selada a 1ª VIA)

Recebí do Sr. Eduardo Mendy Ruiz, auxiliar de escritório ref. 21, com exercício na Seção de Administração do Serviço Nacional de Doenças Mentais do Ministério da Educação e Saúde, a importância de Cr$ 70.000,00 (setenta mil cruzeiros) correspondente ao pagamento do início de treinamento psicanalítico dos médicos psiquiatras do Serviço Nacional de Doenças Mentais Fabio Leite Lobo, Gerson Borsoi e João Marafelli Filho, devidamente designados pelo Diretor do referido Serviço, de acôrdo com autorização do Senhor Presidente da República em processo a respeito.

Rio de Janeiro,

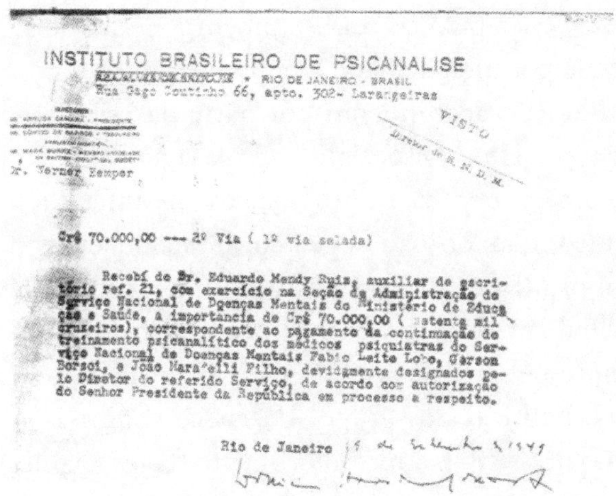

INSTITUTO BRASILEIRO DE PSICANALISE
• RIO DE JANEIRO - BRASIL
Rua Gago Coutinho 66, apto. 302- Laranjeiras

VISTO
Diretor do S. N. D. M.

Dr. Werner Kemper

Cr$ 70.000,00 --- 2ª Via (1ª via selada)

Recebí do Sr. Eduardo Mendy Ruiz, auxiliar de escritório ref. 21, com exercício na Seção da Administração do Serviço Nacional de Doenças Mentais do Ministério de Educação e Saúde, a importancia de Cr$ 70.000,00 (setenta mil cruzeiros), correspondente ao pagamento da continuação do treinamento psicanalítico dos médicos psiquiatras do Serviço Nacional de Doenças Mentais Fabio Leite Lobo, Gerson Borsoi, e João Marafelli Filho, devidamente designados pelo Diretor do referido Serviço, de acordo com autorização do Senhor Presidente da República em processo a respeito.

Rio de Janeiro

Assim, esse período caracterizou-se por intensa movimentação e forte pressão para o desenvolvimento do processo de institucionalização da psicanálise no Rio de Janeiro, com diferentes grupos lutando por reconhecimento. A partir de 1951, já havia três grupos distintos que buscavam constituir uma instituição psicanalítica: o grupo de Burke (IBP), o de Kemper (CEP) e os "argentinos" (Perestrello, 1987).

Os esforços em prol da instalação da psicanálise no país provocaram intensa comunicação e interação entre esses grupos. Burke e Arruda Câmara estabeleceram contato com Koch e Marcondes, da SBPSP, com a APA, com o Chile, visitando e recebendo conferencistas e participando de congressos (Facchinetti, 2003: 11). Kemper, no entanto,

e mais difundidas no EEUU. A formação da primeira turma (Claudino B. Neves, Ewald Mourão, Hélio Pellegrino, Horus Vital Brasil, Jaime Monteiro Pereira, Jorge de Souza Santos, Magdalena Pimentel, Rosita Mendonça, Sérgio Botelho e Urano Alves) foi interrompida com a morte de Doyle e as atividades só foram retomadas em 1960, sob a orientação de Horus Vital Brazil, que retornou de sua formação pelo mesmo instituto.

buscava reconhecimento social no lugar de autoridade de quem, com a experiência de ter atravessado uma guerra, supostamente para defender a teoria de Freud, poderia fazer valer a "verdadeira psicanálise freudiana" frente às novas contribuições kleinianas da escola inglesa (Serio, 1998: 217).

Se com essas articulações Kemper visava o reconhecimento oficial, o fato de não dominar, como Burke, a teoria kleiniana adotada pela escola inglesa, considerada a nova e importante ferramenta para os problemas da sociedade da época, provocava mais disputas e rivalidades do que cooperação e união.

Desde os tempos de Freud, preocupações como essas o levaram à fundação da IPA, e, lá como aqui, o que vimos foi a formação de subgrupos, disputando autonomia e legitimidade (Serio, 1998).

Além das questões relativas à história das origens de Burke – judeu polonês, fugitivo do domínio nazista – e de Kemper – alemão com passado de convivência político-ideológica com a intervenção nazista na SPA[54] –, a busca da legitimidade e do domínio teórico favoreceu uma série de constrangimentos e de negociações que só intensificavam as tensões (Serio, 1998: 216-217). A psicanálise não buscava apenas a aprovação das instituições do campo da saúde mental e dos órgãos do poder público, mas também a aceitação no círculo político-social, traduzida por uma demanda da população.

Como vimos no Capítulo 2, o acolhimento por parte da psiquiatria custou à psicanálise a função de servi-la especialmente para auxílio diagnóstico e terapêutico; o apoio científico da LBHM custou-lhe uma aliança com o pensamento higiênico, quando não eugênico; o reconhecimento institucional exigiu-lhe o cumprimento das exigências da IPA, e o apoio do Estado lhe rendeu um modelo de política institucional centralizador, autoritário e cooperativista, comprometido com interesses e alianças próprios das sociedades e organizações políticas dos grupos da época. Enfim, pela mesma porta em que entrava o prestígio e o reconhecimento da psicanálise, escapava-lhe a autonomia.

Por outro lado, a rápida aprovação social dos psicanalistas – um grupo especializado, que representava dentro da psiquiatria uma nova investida frente à falência em lidar com o imenso grupo de "psicopatas" –, bem como a possibilidade de uma nova prática nos consultórios particulares, disponí-

54 SPA, o mesmo que DPG, refere-se à Sociedade Psicanalítica fundada em Berlim (1936).

vel para a classe média-alta, e a ascensão de outros segmentos profissionais, ligados à educação, ameaçavam a hegemonia da psiquiatria (Ponte, 1998: 101-102).

Como vemos, nesse contexto, a instalação da teoria psicanalítica no Rio de Janeiro estava sujeita a uma complexa rede de influências e negociações. Entretanto, o estopim da crise que acabou por cindir o processo de institucionalização da psicanálise carioca, em 1951, foi uma disputa pela legitimidade da autorização para o exercício da atividade de psicanalista[55]. Kemper, aborrecido com acusações[56] por parte do grupo de analisandos de Burke, deixou o IBP e fundou o Centro de Estudos Psicanalíticos (CEP)[57], passando a revidar com a acusação de que Burke estava mentalmente doente, prejudicando, inclusive, os seus pacientes[58]. Nessa ocasião, orientado pela IPA, Kemper estabeleceu uma forte aliança com Koch para defender-se das acusações do grupo de Burke e dos "argentinos".

Assim, em 1953, durante o XVIII Congresso de Psicanálise em Londres, o CEP obteve o reconhecimento provisório como grupo de estudos. Burke, decepcionado por ter perdido o prestigio que almejava e ainda sofrendo com a adaptação à vida no Rio de Janeiro, decidiu voltar no mesmo ano para a Inglaterra, deixando atrás de si uma leva de ressentimentos e de psicanalistas em formação.

Com a abrupta interrupção de suas análises e sem um didata que lhes oferecesse legitimidade diante da IPA, Arruda Câmara, Manoel Thomaz Lyra e Edgard de Almeida Magalhães foram para Londres a fim de dar continuidade a sua formação e obter o título na Sociedade Britânica de Psicanálise; outros buscaram orientação na SBPSP, já filiada à IPA (Facchinetti,

55 O fato de Kemper encaminhar pacientes para sua mulher Katrin, que não era médica nem teria comprovado a sua habilitação enquanto psicanalista, desagradou duplamente à comunidade analítica: tanto como médicos, quanto como psicanalistas. A insatisfação do grupo de Burke diante de tal tolerância levou o Conselho Diretor do IPB, a maioria analisandos de Burke, a denunciar Kemper. Este não aceitou as exigências de suspender o encaminhamento de pacientes para Katrin, saiu do IBP e fundou o Centro de Estudos Psicanalíticos (Serio, 1998).

56 Devido à situação, na época, das relações internacionais entre a Alemanha e os países aliados como o Brasil, Kemper não obteve revalidação do seu diploma no Brasil, portanto estava autorizado apenas a ministrar palestras.

57 Faziam parte do CEP: José Mariz de Moraes, João José Barbosa Quental, João Côrtes de Barros, Sebastião Augusto Fontes Lourenço, Januário Jobim Bittencourt, Luiz de Lacerda Werneck, Antônio Araujo Villela, Nelson de Souza Cotrim, Antônio Mattos Muniz, Luiz Murgel e Ivolino de Vasconcellos (Facchinetti, 2008: 12).

58 Os analisandos de Kemper faziam supervisão com Burke.

2008: 15), escolha que, acreditamos, não fora inocente no que diz respeito à trajetória e ao enquadre tomados pelo jogo político institucional. A decisão pela SBPSP implicava a chancela do processo que resultou no seu reconhecimento e filiação à IPA.

Por outro lado, no que diz respeito à decisão pela continuidade da formação em Londres, não podemos esquecer a continuação do financiamento do SNDM. A concessão de bolsas de estudo com fins de treinamento psicanalítico de Manoel Thomaz Lyra e Edgard de Almeida Magalhães se manteve mesmo com a volta de Burke para Londres[59], o que permitiu também, mais tarde, a ida de João Marafelli e Gerson Borsoi, conforme demonstrativo apresentado a seguir.

D.N.S. – SERVIÇO NACIONAL DE DOENÇAS MENTAIS

FÔLHA DE PAGAMENTO RELATIVA À CONCESSÃO DE BOLSAS PARA APERFEIÇOAMENTO DE PESSOAL, ORGANIZADA DE ACÔRDO COM O PLANO DE APLICAÇÃO APROVADO PELO EXMº. SR. MINISTRO DA SAÚDE (PROCESSO Nº 15.092/59), CONFORME DESPACHO PUBLICADO NO DIÁRIO OFICIAL DE 15 DE MAIO DE 1 959, PÁGINA Nº 11.512, CORRESPONDENTE AOS MÊSES DE MAIO, JUNHO, JULHO E AGÔSTO DE 1 959.

Nº	NOME	VALÔR MENSAL DA BOLSA CR$	DESPESAS MAIO	JUNHO	JULHO	AGOSTO	LIQUIDO A PAGAR CR$	ASSINATURA
	SEÇÃO DE PATOLOGIA DO S.N.D.M.							
1	João Fronin, Dr.	15.000,00	15.000,00	15.000,00	15.000,00	15.000,00	60.000,00	
	SOCIEDADE PSICANALÍTICA BRITÂNICA							
1	Gerson Borsoi, Dr.	10.000,00	10.000,00	10.000,00	10.000,00	10.000,00	40.000,00	
2	João Marafelli Filho, Dr.	10.000,00	10.000,00	10.000,00	10.000,00	10.000,00	40.000,00	
	INSTITUTO DE BIOLOGIA Y MEDICINA EXPERIMENTAL – BUENOS AIRES-ARGENTINA							
1	Charles A. [illegible], Dr.	21.000,00	21.000,00	21.000,00	21.000,00	21.000,00	84.000,00	
	HOSPITAL DE LAS MERCEDES – BUENOS AIRES – ARGENTINA							p.p. BANCO DO BRASIL S/A
1	João Gomes Mariante	15.000,00	15.000,00	15.000,00	15.000,00	15.000,00	60.000,00	
	TOTAL		71.000,00	71.000,00	71.000,00	71.000,00	284.000,00	

CR$ 284.000,00 – IMPORTA A PRESENTE FÔLHA DE PAGAMENTO EM "DUZENTOS E OITENTA E QUATRO MIL CRUZEIROS".

Seção de Administração do S.N.D.M., em 2 de SETEMBRO DE 1 959.

Escrevente Datilógrafa – [illegible]

VISTO
Prof. A. Lopes Rodrigues Ferreira
DIRETOR DO S.N.D.M.

CONFERE
Chefe da S.A. do S. N. D. M.

Declaro que foram prestados os serviços constantes da presente fôlha de pagamento.
Chefe da S.A. do S.N.D.M.

CHEQUE Nº 429.827 – Série PT-1 do Banco do Brasil.

Em 1954 o grupo de Burke e os "argentinos"[60] (Vianna, 1994) se unem a fim de conseguir reconhecimento da IPA. Contavam já com três psicanalistas formados em Londres – Decio de Souza, Edgard de Almeida e Henrique

59 Recibos de pagamento à Sociedade Britânica de Psicanálise (cf nota 18 no primeiro capítulo).

60 Após a crise de 1951 e o retorno de Burke a Londres, agregaram-se a Arruda e Edgard de Almeida: José Leme Lopes, Antônio José Souza Viana, Januário Bittencourt, Marialzira Perestrello, Mario Pacheco de Almeida Prado e Alcyon Bahia.

Mendes, conhecidos como "os ingleses" –, além dos três formados em Buenos Aires – Danilo Perestrello, Walderedo Ismael e Alcyon Bahia. Mas, como veremos a seguir, só em 1957, com o apoio da SBPSP, a entidade que criaram (IBP) conseguiria o reconhecimento provisório como grupo de estudos.

Entretanto, o impasse de 1951 não fora ainda resolvido, ao contrário. Em 1953, por meio de analisandos de Burke[61], a revanche não tardou a se revelar. O grupo do IBP resolveu denunciar Kemper por exercício ilegal da profissão, o que lhe custou algumas horas na prisão (Facchinetti, 2003: 12-13). A ameaça imediatamente recaiu sobre todos aqueles que não possuíam diploma de medicina validado no Brasil e exerciam ou permitiam o exercício da psicanálise. Imediatamente a solução veio de uma articulação de Kemper, Koch e o ministro da Saúde, na época Maurício de Medeiros, que, com o Aviso Ministerial nº. 257 do MS, em 6 de junho de 1957, autorizava, sob condições, o exercício da psicanálise por leigos.

A carta de Maurício de Medeiros para Adelheid Koch, em julho de 1957, explicita a forte ligação da psicanálise com as autoridades estatais:

> **Senhora Presidente,**
>
> **Atendendo a sua solicitação para que fosse tornada extensiva aos seus membros leigos a medida tomada para os colegas do Distrito Federal, comunico a V. Sa. que nesta data estou transmitindo ao Serviço de Fiscalização da Medicina cópias das normas abaixo transcritas estabelecidas por este Ministério sobre o exercício da psicanálise pelos psicanalistas leigos [...]. Julgo ter atendido assim a consulta de V. Sa., não apenas quanto aos psicanalistas leigos que trabalham para este centro como para quantos se encontrem nas mesmas condições e se enquadrem nas prescrições ora fixadas. Sirvo-me do ensejo para apresentar-lhe minhas cordiais saudações.** ***Maurício de Medeiros*** **(Medeiros,** ***in*** **Noseck, 1994: 37).**

O referido aviso ministerial instituiu as seguintes normas a serem observadas pelo Serviço de Fiscalização da Medicina, no tratamento com a atividade da psicanálise.

61 Domício Arruda Câmara, José Mariz de Moraes, Januário Jobim Bittencourt, Sebastião Augusto Fontes Lourenço, João José Barbosa Quental, João Côrtes de Barros e Luiz Lacerda Werneck.

> 1. É licito a Centros de Estudos Psicanalíticos, bem como a qualquer Instituto ou Centro igualmente credenciado pela Associação Psicanalítica Internacional, contratar os serviços especializados de psicanalistas leigos, cuja formação psicanalítica tenha sido reconhecida por aquela Associação.
>
> 2. Esses psicanalistas leigos poderão exercer a sua especialidade em todas as suas aplicações, dentro ou fora do Centro do Instituto que os contrate, desde que os clientes de que se ocupem lhes sejam enviados por indicação escrita de médico diplomado sob cuja responsabilidade ficarão em cada caso;
>
> 3. O psicanalista leigo que esteja nas condições acima prescritas se restringirá única e exclusivamente à análise, não podendo conseqüentemente receitar, dar atestados, fazer diagnósticos clínicos, exames físicos ou qualquer ato que importe em atividade outra que não a psicanalítica. A situação somática do paciente será investigada e comunicada ao analista pelo médico que tiver indicado a análise e por ela for responsável.
>
> 4. Se no decurso da análise sobrevier qualquer distúrbio orgânico, o analista enviará imediatamente o paciente ao médico para que possa ser por este examinado e tratado;
>
> 5. Qualquer infração devidamente comprovada das normas acima estabelecidas importará na cassação da permissão nelas contidas e dará lugar à ação contra o analista por exercício ilegal da medicina;
>
> 6. As presentes normas regularão o assunto até que lei especial estatua a respeito (Aviso ministerial nº. 257 de 6/6/1957 *in* Ponte, 1999: 109).

Por um lado, esse instrumento reconhecia a psicanálise como prática diferenciada das demais terapêuticas, que exigia a autonomia do psicanalista; por outro, o Estado delegava à IPA a autoridade reguladora das instituições credenciadas para a formação de psicanalistas e aos médicos o controle e a garantia da sua prática. Quando a SBPRJ foi reconhecida pela IPA, a legislação brasileira já previa a figura do psicanalista leigo[62], desde que sob orientação de um médico[63]. Esse fato, longe de atender às recomendações de Freud[64], colocava a psicanálise no Brasil inteiramente de acordo com os moldes ditados por Eitington, e o chamado "período Eitington", que, desde a fundação do Instituto Psicanalítico de Berlim, em 1920, até o período posterior à II Guerra, era responsável por uma rígida e inquestionável regulamentação da formação psicanalítica (Brecht, 1985).

Assim, Maurício de Medeiros, além de atender ao apelo de Adelheid Koch, comportou-se de maneira conciliadora diante do embate que pairava sobre o movimento de implantação das instituições psicanalíticas no Brasil – a hegemonia da medicina e a autoridade da IPA. Novamente ficou marcada a presença intervencionista do Estado nos rumos da psicanálise carioca.

Enquanto isso, o grupo de Kemper fora reconhecido pela IPA, em setembro de 1955, como Sociedade Psicanalítica do Rio de Janeiro (SPRJ)[65] e em 1959, no XXI Congresso de Copenhague, após aproximação com o grupo de São Paulo, a segunda sociedade carioca de psicanálise – a Sociedade Brasileira de Psicanálise do Rio de Janeiro – SBPRJ, reunindo um grupo de analistas de diversas formações, recebe o aval da Internacional[66]. Sobre essa conjunção de diferentes origens, recortamos o seguinte depoimento:

> **O grupo inicial, de formações psicanalíticas diversas e de experiências clínicas dispares, custou certo tempo para se dispor a se juntar e realizar o objetivo que cada subgrupo tinha de *per si*. As motivações eram de caráter diverso: 1º) motivações egoístas, de rivalidade, de narcisismo, de inveja, etc...; 2º) motivações originadas na natureza**

---

62 Por um lado essa tentativa de regulamentar a prática da psicanálise incluiu os não-médicos, por outro, manteve os médicos no controle do tratamento, além de delegar à IPA a suprema autoridade sobre o exercício da psicanálise no país. Vale lembrar que Freud defendia a "análise leiga", ou seja, aquela exercida pelos não-médicos (Freud, 1910).

63 Embora constasse nos estatutos, a aceitação efetiva de candidatos com formação diferente da medicina não foi observada em nenhuma das duas sociedades do Rio de Janeiro.

64 Freud, quando recomendou a criação de uma autoridade que "cuidasse para manter os analistas no caminho certo (IPA)" não regulava sobre a formação dos psicanalistas (Catherine Millot, *apud* Jorge, 2006: 30).

65 Assinaram a ata de fundação da SPRJ: Fabio Leite Lobo – presidente, Gerson Borsoi – secretário, Luiz Dahlheim, Anna Katrin Kemper, Inaura Carneiro, Leão Velter, Noemy da Silveira Rudolf, Werner Kemper, Celestino de Moura Prunes, João Marafelli Filho, Zenaira Aranha e Inês Besouchet (Rev. 25° aniversário, SPRJ, 1980).

66 Nessa época, como dissemos, já existia o IMP, fundado por Iracy Doyle em 1950, e em 1960 Katrin Kemper fundou o Instituto Brasileiro de Psicanálise.

> **teórica do conhecimento psicanalítico adquirido; 3º) motivações originadas na caracteriologia dos componentes desses grupos. Tudo isso criava divergências que não permitiam a aglutinação de seus componentes (Pacheco, *apud* Perestrello, 1987: 53).**

Como vimos, inúmeros eram os motivos que despertavam a disputa entre os dois didatas dentro do IBP[67]. Mas acreditamos que a concorrência entre grupos foi também alimentada pela política de incentivo de governo ao projeto de modernização nacional, que pela concessão de bolsas pelo SNDM promovia a especialização em psicanálise, sem estabelecer com esses profissionais um compromisso que vinculasse tal benefício com os objetivos previstos. É importante esclarecer que o investimento na formação psicanalítica não distingue o benefício profissional do pessoal, por isso há que pagar, diz Freud (1912a/1969). O regime de absoluta "gratuidade" e a facilidade na obtenção do benefício atraíram o interesse de grande número de psiquiatras, mas a maioria não apareceu em nossa pesquisa, nem ligados ao uso das técnicas psicanalíticas na assistência psiquiátrica, como previam os planos de incentivo do SNDM, nem tampouco à formação de novos psicanalistas, como queria a IPA.

Tal prática favoreceu a dispersão de interesses: a formação psicanalítica, a clínica privada, a organização de sociedades psicanalíticas, a hegemonia da psiquiatria na prática psicanalítica, o domínio da IPA, além de outros ligados à promoção social e ao poder político.

A título de comprovação, com base na documentação do acervo SNDM, relacionamos por ordem cronológica os nomes dos beneficiários de bolsas para treinamento ou especialização em psicanálise: Walderedo de Oliveira, Danilo Perestrello, Alcyon Bahia, Fábio Leite Lobo, Gerson Borsoi, Inaura Carneiro, João Marafelli Fº., Edgard Guimarães de Almeida, Manoel Thomaz Lyra, Sergio Junqueira Botelho, Rosita Teixeira de Mendonça, José Jorge de Souza Santos, Lysanias Marcelino da Silva, Carlos Alberto Teixeira Basto, José Jorge de Souza Santos, Lázaro Contini, Maria Manhães, Walter Antunes, Ivan Bastos de Andrade, José Rômulo Barbosa, Manoel Araujo, Osmar Nelson Shroerder, Ulisses Mário de Sá, Fernando Nogueira de Souza,

67 O fato de Kemper ter chegado depois de Burke, de ser considerado, pelos "argentinos" e burkeanos, cientificamente ultrapassado, na medida em que a psicanálise por ele praticada não acompanhara o "desenvolvimento" que se passava fora da Alemanha e da Áustria, o rastro da política de exclusão da Segunda Guerra, como também as disputas de mercado (Serio, 1998: 232). Talvez por isso a direção do IPB tenha permanecido com Arruda Câmara, a fim de amenizar tensões internas (Serio, 1998: 228).

Nise da Silveira, Elso Arruda, Amin Cury, Wilson José Simplício, Arikerne Teixeira Guedes e Fernando Nogueira de Souza.

Como vemos, entre aqueles que participaram da fundação das duas sociedades psicanalíticas filiadas à IPA, apenas Leão Velter, Noemy da Silveira Rudolf, Celestino de Moura Prunes e Inês Besouchet, da SPRJ, e Zenaira Aranha, da SBPRJ, não tiveram seus nomes relacionados com o financiamento de bolsas para custear a formação em psicanálise. Por outro lado, observamos que inúmeros bolsistas jamais tiveram seus nomes ligados ao uso da psicanálise na Assistência, nem sequer ao movimento psicanalítico.

É importante lembrar que, diferentemente do que ocorrera em São Paulo, o apoio do governo foi fundamental para a vinda de Burke e Kemper em 1948 para o Rio de Janeiro, onde, desde 1917, já havia sido implementada uma política própria de Saúde Pública e experimentada a inviabilidade da prática de soluções individuais. Aproveitando-se do desenvolvimento socioeconômico de 1930 e evitando rivalidades com o governo central, São Paulo "valia-se do poder central na economia, afastava-o nas políticas de saneamento e saúde, mas concordava com a sua franquia aos demais estados" (Hochman, 2006: 241).

É fato que em toda a documentação pesquisada não consta nenhum investimento do governo central para a assistência da saúde mental paulista. Há indícios de que foi unicamente a união de esforços do grupo de Durval Marcondes que, sem qualquer apoio institucional, sustentou a permanência de Adelheid Koch e consequentemente as respectivas formações de psicanalistas.

Considerando que na maioria das vezes o incentivo do governo serviu a um projeto de investimento pessoal e que, conforme recomendou Freud, deveria se realizar às expensas do paciente, podemos admitir que, da maneira como foi aplicado, o incentivo político-financeiro do governo federal, sem exigir contrapartida, em vez de agregador, contribuiu para alimentar disputas dentro do movimento psicanalítico.

Mais uma vez, em que pesem as diferentes origens de seus membros e as inúmeras divergências teórico-práticas, ficou patente que o processo de institucionalização da psicanálise no Rio de Janeiro, desde seu início, esteve sob as graças do grande investimento de recursos do Estado, via Ministério da Educação e Saúde, conforme comprova a documentação pesquisada, que remonta a 1949.

Temos que admitir que são muitas as variáveis que corroboram a hipótese de que o investimento do governo federal na psicanálise, tomando-a como recurso para a eficácia da psiquiatria, comprometeu o movimento psicanalítico com a política de Estado, subvertendo e polarizando tensões e cisões que genuinamente deveriam permanecer no campo teórico-científico.

A seguir, a título de exemplo, mostraremos algumas decorrências desse processo que definiram o rumo do movimento psicanalítico carioca e sua inserção no corpo social e político-governamental.

Voltemos então às relações desse movimento com o SNDM, órgão encarregado de cuidar da política de saúde mental.

Usos e abusos da psicanálise e o SNDM

No intuito de dirigir nossa atenção para o objeto desta parte da discussão – o processo de institucionalização da psicanálise no Rio de Janeiro –, é importante observar que, em face da profunda superposição de papéis dos personagens do campo da psiquiatria, que assumiam cargos políticos, tanto na saúde como na câmara e no senado na década de trinta[68], a psicanálise no Rio de Janeiro acabou por firmar sua morada em meio às disputas políticas dentro do HNA, da Faculdade de Medicina e da política de assistência. A partir de 1945, na capital federal, esses eram os postos nos quais a influência política, as lideranças e autoridades governamentais definiam o modelo e o direcionamento da maioria dos empreendimentos científicos e universitários públicos ou privados no campo da saúde mental. Na Faculdade de Direito concentravam-se os debates sobre os problemas sociais, mas nos cursos de medicina havia forte mobilização social em torno da saúde, das condições sanitárias e dos hábitos de higiene e educação do povo (Miceli, 1979: 88).

A psiquiatria carioca, assim como as ciências sociais, tomou características próprias à sua proximidade com o poder público. "[...] na capital federal vai se construindo uma hierarquia de objetos e problemáticas em função de sua relevância para o debate político mais amplo, o que equivale a dar prioridade aos conteúdos em detrimento dos procedimentos científicos" (Miceli, 1979: 84).

68 Cf. Medeiros [1930], Ramos [1930], Garcia, 1947, Porto-Carrero [1935].

Assim, abordaremos o processo de institucionalização da psicanálise no Rio de Janeiro costurando os pontos pelos quais a psicanálise chegara à cidade, pelas mãos da psiquiatria vigente, como instrumento auxiliar para a compreensão etiológica das manifestações da doença mental e do psiquismo humano (Russo, 2002). "Há, portanto, uma apropriação do texto psicanalítico pelo discurso médico que se exerce direcionando o pensamento freudiano para o projeto de higienização mental e pedagogia e que autoriza uma leitura mais próxima da medicina e da moral vigente" (Facchinetti, 2006: 156).

Tal processo, de psiquiatrização da psicanálise e psicanalização da psiquiatria, foi formalizado quando, em 1948, uma comissão[69] formada pelos professores Adauto Botelho, Fábio Sodré, Anibal Silveira, Leme Lopes, Darcy Uchôa e Jurandyr Manfredini elaborou uma nova Classificação Psiquiátrica Brasileira em que, pela primeira vez, surgiam indicações do crescimento social da psicanálise no campo psiquiátrico: os quadros de neurose (*apud* Uchoa, 1981).

XII – *Neuroses:*
12-A – Estados histéricos de conversão
12-B – Estados ansiosos
12-C – Estados fóbicos
12-D – Estados neurastênicos
12-E – Organoneuroses
12-F – Neurose traumática

Mais tarde, o processo de institucionalização da psicanálise alcançou o âmbito da Faculdade de Medicina e do Centro Psiquiátrico Nacional (antigo HNA), cristalizando-se finalmente por meio da criação de um setor específico. Foi quando Leme Lopes assumiu a direção do IPUB em 1957, dando espaço ao estudo da teoria freudiana e criando o Setor de Pesquisas Psicanalíticas e de Psicoterapia de Grupo (*Instituto de Psiquiatria 60 anos*, 1998: 32).

Além disso, personagens como Maurício de Medeiros, psiquiatra, catedrático da Faculdade de Medicina, político e escritor, figura de destaque para a história da psicanálise, parecem confirmar essa forma de aproximação – a con-

69 Essa comissão foi formada por ocasião do V Congresso Brasileiro de Psiquiatria, Neurologia e Medicina Legal.

taminação recíproca da psicanálise e da psiquiatria. Desde sua participação no grupo ligado a Juliano Moreira, Medeiros foi um entusiasta da psicanálise, que considerava uma expressão do avanço da psiquiatria clássica da época "para a categoria de uma nova ciência moderna". Segundo esse autor, para uma cadeira de Clínica Psiquiátrica era fundamental "encontrar o campo de entendimento entre as correntes em que hoje se divide a Psiquiatria, procurando as luzes incontestáveis de filosofia freudiana na compreensão das conquistas de psiquiatria clássica" (Medeiros, 1956: 5).

Deputado estadual em 1916 e federal de 1921 a 1927, além de ministro da Saúde de 1956 a 1958, Medeiros alavancou politicamente o processo de institucionalização da psicanálise no Rio.

Outro personagem importante nessa conjuntura foi, sem dúvida, Adauto Botelho. Durante os treze anos de permanência à frente do SNDM (1941-1954), sua contribuição[70] para a formação de psicanalistas no Rio de Janeiro sempre esteve presente, destinando verbas vultosas em comparação ao que era aplicado em outras especialidades ou mesmo aos próprios psiquiatras que não se interessavam pela psicanálise, como podemos verificar na tabela abaixo, por exemplo, nos anos de 1949, 1950 e 1951.

RECURSOS REPASSADOS PELO SNDM		
	TREINAMENTO PSICANALISTAS	TREINAMENTO PSIQUIATRAS/NEUROLOGISTAS
1949	CR$ 140.000,00	CR$ 85.000,00
1950	CR$ 200.000,00	CR$ 155.000,00
1951	CR$ 300.000,00	CR$ 200.000,00

Fonte: Relatórios de Atividades do SNDM (acervo IMAS-JM,)

Adauto Botelho não se considerava psicanalista. Entretanto, sua participação na história da especialidade é fundamental. Na documentação que pesquisamos[71] encontramos, durante todo o período de sua gestão, numerosa comprovação de seu apoio à psicanálise – relatórios de atividades, recibos, folhas de pagamento e ofícios que fazem menção a gastos, empenhos, solicitação de verbas extras e justificativas. Mas, diferentemente de muitos de seus contemporâneos, em seus artigos nada encontramos sobre a utilização da psicanálise

70 Recibos e comprovação de despesas de 1952 até 1959. Vide docs. SNDM, cf. nota 18 do primeiro capítulo.

71 Relatórios de atividades do SAP e relatórios de atividades do SNDM (1949, 1950, 1951, 1952, 1954, 1955, 1956 e 1957).

na clínica. Na edição comemorativa do centenário de Freud da *Revista Brasileira de Saúde Mental* (1956), Botelho faz referência à inclusão e à "aceitação parcial" das ideias de Freud, junto com todas as modalidades de psicoterapia, na cátedra de Clínica Psiquiátrica da Faculdade Nacional de Medicina.

De fato, suas ações político-administrativas revelam um franco interesse não pela prática psicanalítica propriamente dita, mas por sua suposta eficácia para a compreensão dos distúrbios mentais, em seu viés preventivo, em sua orientação e no atendimento psiquiátrico ambulatorial. Sua relação com a psicanálise parece ter se estabelecido principalmente pela via administrativa, ou seja, sua gestão financiou a formação de psicanalistas e a participação deles em congressos de psicanálise como parte do trabalho junto aos especialistas na assistência.

Assim, apesar de certa opacidade quanto a sua compreensão da função da psicanálise na clínica psiquiátrica, é em torno da administração de Botelho que podemos compreender e discutir o grande investimento do Serviço Nacional de Doenças Mentais (SNDM) e do próprio Ministério da Saúde (MS) na formação psicanalítica[72] de seus psiquiatras a partir de meados da década de 40, por meio de bolsas de estudos e financiamentos de viagens.

Essa política de financiamento[73], no entanto, não se restringia apenas à psicanálise.

> **[...] o treinamento diz respeito não somente à atividade específica do serviço (psiquiatria), mas também, às várias atividades que lhe são correlatas: neurologia, psicologia, psicotécnica, psico-cirurgia, psicanálise, higiene mental, psiquiatria forense, praxiterapia, psiquiatria infantil, encefalografia etc. (Relatório de atividades SNDM, 1956).**

Em que pese o fato de essa política se aplicar a várias especialidades médicas que se desenvolviam na época, o apoio dispensado aos psiquiatras que se interessaram pelo treinamento em psicanálise foi especial. E é isso que buscaremos demonstrar agora.

---

72 Ver nota 14.

73 Ementa da proposta orçamentária do SNDM, encaminhada pelo DNS ao MS em janeiro de 1955, defendendo o objetivo do serviço de cuidar da melhoria técnica dos seus médicos e demais servidores pertencentes ao seu quadro. Por exemplo, no relatório de atividades de 1956, do SNDM ao DNS, consta como realizações futuras no DF a promoção de cursos de: psiquiatria, psiquiatria legal, psiquiatria forense e praxiterapia.

Por exemplo, a folha funcional de Robalinho de Oliveira Cavalcanti[74] mostra que, mesmo uma importante figura para a assistência psiquiátrica da época, tendo prestado inúmeros serviços ao SNDM, ocupando cargos de chefia, direção e participação em comissões de trabalho, além de inúmeros trabalhos publicados, ele jamais foi contemplado com qualquer benefício para treinamento ou participação em congressos. Seja porque não fora agraciado ou não solicitara, o fato é que, como mostram as fontes, entre 1952 e 1958, oito a dez psiquiatras foram beneficiados com treinamento psicanalítico[75]. No ano de 1957, cinco funcionários viajaram ao exterior, um artífice[76] e quatro psiquiatras[77], especializando-se em psicanálise.

Chama-nos também a atenção o fato de o MES criar cursos de especialização para outras áreas, enquanto o treinamento de psicanalistas permanecia sendo feito ou no exterior, ou por psicanalistas estrangeiros trazidos para o Brasil. Até 1959 o SNDM continuou pagando os serviços de Walter Kemper e Mark Burke[78].

Devemos esclarecer que tal procedimento, que atendia às condições impostas pela IPA para formação de psicanalistas, não seria possível se não fosse o influente aval de autoridades governamentais, assim como uma série de acordos institucionais. Já que não havia respaldo legal para proceder ao pagamento de estrangeiros, alheios ao quadro de funcionários do SNDM, os recibos eram emitidos por entidades privadas especialmente criadas para esse fim. No entanto, verificamos que cursos, treinamentos, aperfeiçoamentos e especializações em outras áreas que não a psicanálise eram organizados pelo próprio MES. O valor financeiro e político do investimento, que pode ser verificado pelo número de psiquiatras beneficiados, tempo de duração, como também pelo valor aplicado, foi de longe superior a qual-

---

74 Registro funcional de Luiz Amadeu Robalinho de Oliveira Cavalcanti (1936/1957).

75 Fabio Leite Lobo, Gerson Borsoi, Inaura Vaz Carneiro Leão, João Marafelli Filho, Lysânias Marcelino da Silva, Fernando Nogueira de Souza, Nise da Silveira, Elso Arruda Amin Cury, Wilson José Simplicio, analisandos de Kemper; Edgard Guimarães de Almeida, Manoel Tomas Moreira Lyra, analisandos de Burke; Sergio Junqueira Botelho, Rosita Teixeira de Mendonça e José Jorge de Souza Santos, Carlos Alberto Teixeira Basto, Lazaro Contini, Maria Pereira Manhães e Walter Antunes, analisandos de Iracy Doyle. Walderedo Ismael de Oliveira, formação em Buenos Aires V. docs. SNDM, cf nota 18.

76 Almir da Silva Mavignier.

77 Nise da Silveira, Rosita Teixeira de Mendonça, Manoel Thomaz Moreira Lyra e Washington Loyelle.

78 V. docs. SNDM, cf. nota 18 do primeiro capítulo.

quer curso ou treinamento de que se tenha notícia por meio da documentação pesquisada.

A pesquisa nos revela ainda que, mesmo depois de seu retorno (1949/1950), os três primeiros psicanalistas que receberam bolsas de estudo para Buenos Aires – Walderedo Ismael de Oliveira, Danilo Perestrello e Alcion Bahia –, e que, portanto, já haviam concluído o treinamento, não foram aproveitados para o treinamento de novos psicanalistas[79], nem sequer foram designados especificamente para serviços próprios de psicanálise. Pelo contrário, em nome das exigências da IPA, o treinamento de novos psicanalistas continuou exclusivamente a cargo dos estrangeiros recomendados por ela e que, enquanto essas regras eram observadas, eram sustentados pelo SNDM, por intermédio do Instituto Brasileiro de Psicanálise e do Centro de Estudos Psicanalíticos especialmente criados para esse fim, enquanto os brasileiros ganhavam bolsas continuamente.

Ou seja, os psiquiatras do SNDM eram enviados para o exterior com o objetivo de tornarem-se especialistas na prática da psicanálise na clínica psiquiátrica. Assim, poderiam funcionar como orientadores de outros psiquiatras interessados. Entretanto, lá fora eles eram informados de que só poderiam aplicar a psicanálise tornando-se psicanalistas, para o que seria necessária a organização de instituição própria, segundo orientação da IPA. Quanto aos psicanalistas cuja especialização terminara, continuaram a ocupar os mesmos postos de antes. Com isso, o investimento realizado acabava por não trazer os benefícios esperados para o órgão investidor.

Conforme vemos no recorte abaixo, essa já era uma preocupação dos responsáveis pela política de investimento empregada.

> **PSICANALISTAS – Procuramos regularizar o problema da concessão de bolsas a médicos do SNDM para treinamento psicanalítico [..] Embora favoráveis à continuação dessas bolsas, pensamos que é preciso cercá-las de condições que assegurem não sòmente a realidade do treinamento, como a garantia de que os analisados possam retribuir o auxílio recebido com o uso de sua experiência técnica em benefício de doentes do Serviço. Infelizmente, o preparo de psicanalistas, segundo o depoimento unânime dos Diretores**

79 De acordo com as normas da IPA, para formar novos psicanalistas era necessária a instituição de uma sociedade em torno de um psicanalista didata.

> **de órgãos, tem sido até agora de pouca ou nenhuma utilidade para o SNDM (Relat. Atividades SNDM, 1954).**

A documentação encontrada reafirma ainda, de diversas maneiras, que o investimento financeiro era também político e foi maior para a psicanálise – só se comparando com os recursos aplicados na construção de hospitais, por meio dos convênios com os estados.

Ainda não encontramos na documentação do SNDM recibos referentes ao pagamento de bolsas de estudos no exterior para outro fim que não seja para a psicanálise. É o que nos demonstra, por exemplo, este relatório no item *Pessoal*: "O segundo mais grave problema que encontramos no SNDM foi o alarmante déficit de pessoal [...]" (Relat. atividades SNDM, 1955: 5).

Logo a seguir, referente a "Recursos para treinamento de médicos do interior":

> **[...] bolsas de estudo para treinamento de médicos do interior do País em psiquiatria clínica, eletroencefalografia, neurocirurgia e psicoterapia. Infelizmente, devido à escassez de tempo de propaganda, só conseguimos a inscrição de 6 bolsistas, os quais submeteram-se a um rigoroso treinamento, em regime de médicos residentes no Hospital Pedro II, sob orientação do instrutor chefe Dr. Manoel Leite de Novais Melo (Relat. atividades SNDM, 1955: 14).**

Notamos ainda que, além do investimento financeiro, havia um empenho político que, por meio de negociações, acordos e influências, sustentava medidas e providências indispensáveis aos trâmites da burocracia governamental. Assim, verificamos a frequente oficialização de pedidos de verba, livres de concorrência, assim como as justificativas junto ao DNS, ao MES e até mesmo ao Tribunal de Contas, argumentando a favor da necessidade de tais investimentos.

> **PR. 10.315-49 – E.M. nº. 240 de 21-4-49, do M.E.S., submetendo processo em que o Serviço Nacional de Doenças Mentais pede autorização para aplicar independentemente de concorrência e sob regime de adiantamentos, a dotação de Cr$ 140.000,00 que lhe é atribuída na Verba 3 do vigente orçamento do Ministério, para**

despesas com o treinamento psicanalítico de psiquiatras. – "Autorizo. 21-4-49". (Restituido o proc, ao M.E. a 23-4-49). (Cópia do texto publicado no DO de 23 de abril de 1949, p. 6124)

Este documento corrobora nossa afirmação de que o investimento em psicanálise mereceu tratamento especial. Conforme vemos no documento a seguir, o valor do investimento em treinamento psicanalítico era quase o dobro do que se aplicava à neurologia e mesmo à psiquiatria, atividade fim do SNDM.

-VERBA 3 - SERVIÇOS E ENCARGOS-

ubconsignação	E M E N T A	1 949 Cr$	1 950 Cr$	1 951 Cr$
02/02	Seleção, aperfeiçoamento e especialização de pessoal.			
a)	Treinamento psicanalítico de psiquiatras	140.000,00	200.000,00	300.000,00
b)	Aperfeiçoamento do pessoal em psiquiatria e neurologia	85.000,00	155.000,00	200.000,00
6/01	Auxílios:			
a)	Desenvolvimento dos serviços de assistência a psicopatas no interior do País	12.000.000,00	12.000.000,00	6.000.000,00
b)	Desenvolvimento dos serviços de assistência a psicopatas no Distrito Federal	2.000.000,00	2.000.000,00	- -
3	Recepções, excursões, etc.			
a)	Excursões de estudos	20.000,00	20.000,00	20.000,00
2	Serviço de saúde e higiene			
a)	Organização da profilaxia mental e serviços de higiene mental	520.000,00	770.000,00	500.000,00
	T O T A L:....................	14.745.000,00	15.145.000,00	7.020.000,00

Serviço Nacional de Doenças Mentais, em 23 de fevereiro de 1 950.

Mesmo assim, o documento abaixo revela que, desde 1955, é uma preocupação do SNDM o redirecionamento equilibrado dos recursos destinados a treinamento e aperfeiçoamento de pessoal.

> **[..] cumpre ao SNDM facilitar e organizar o ensino da psiquiatria e da higiene mental em suas dependências (nº. VII do art. 1º do Regimento), para que possam nele realizar treinamento todos quantos desejam tornar-se especialistas. Num caso como no outro, o treinamento diz respeito não somente à atividade específica do serviço (psiquiatria), mas também, às várias atividades que lhe são correlatas: neurologia, psicologia, psicotécnica, psicocirurgia, psicanálise, higiene mental, psiquiatria forense, praxiterapia, psi-**

> quiatria infantil, encefalografia, etc. Até o ano findo, a presente dotação só vinha sendo usada com dois fins: a) treino de psiquiatras do Serviço e psicanálise b) treino de psiquiatras do Serviço em países estrangeiros. Decidimos inaugurar, em 1955 corrente, com a dotação de "aperfeiçoamento de pessoal", uma inovação valiosa e da máxima utilidade, recebida com grande entusiasmo por todos os diretores de órgãos e para cuja efetividade aguardamos apenas o aprovo do Exmo. Sr. Presidente da República ao programa verba 3. Trata-se da instituição de "bolsas de estudo" para médicos do interior do País, a fim de auxiliar o seu preparo especializado em psiquiatria clínica, psicocirurgia e eletroencefalografia. Essas bolsas serão regulamentadas à maneira do "internship" dos hospitais americanos, isto é, os postulantes terão a situação de médicos residentes. Com isso, atenderemos a um constante apelo não só dos médicos do interior, individualmente, como dos próprios governos e serviços de saúde estaduais, para que facilitemos aqui o preparo de especialistas. Para a criação de "bolsas de estudos", mesmo em número limitado, temos que usar a dotação de 300 mil cruzeiros, sacrificando pois, este ano, a hipótese de aperfeiçoamento de médicos do Serviço no estrangeiro. Por isso, pedimos, com empenho, a elevação desta rubrica para 600 mil cruzeiros, pois assim conciliaremos, em 1956, os dois problemas: o prosseguimento das utilíssimas "bolsas de estudo" para médicos do interior e o treino de nossos técnicos em outros centros de maior progresso científico. Doutra parte, o SNDM não pode prescindir da importante dotação para treinamento psicanalítico, que lhe vem sendo concedida desde 1949. (Ementa da proposta de dotação orçamentária para seleção, aperfeiçoamento e especialização de pessoal do SNDM, janeiro de 1955)

Mesmo que não concordemos com o fato de ter havido privilégio da psicanálise na política de investimento na área da saúde da época, essa contradição nos chama a atenção no item que se refere a "psicanalista", na página 12 do relatório de 1949, onde está escrito: "Dispondo atualmente o Rio de Janeiro de meios técnicos para formação de psicanalistas, O Serviço designou e auxiliou, para este fim, mais 3 psiquiatras [...] que continuarão em análise no ano de 1950, sem prejuízo para as funções públicas que exercem".

Na página seguinte, consta que dois psiquiatras haviam concluído a formação que faziam há dois anos, em Buenos Aires, e que um terceiro teria o prazo prorrogado por mais um ano, lá permanecendo para concluir sua especialização. Portanto, isso revela que havia sim prejuízo das funções públicas, na medida em que provocava redução do número de profissionais na assistência aos doentes. De fato, o Rio de Janeiro já contava com recursos para formação de psicanalistas, mas o que não fica claro é qual o aproveitamento que a especialização ou treinamento em psicanálise trazia para o tratamento da doença mental. Os "meios técnicos" a que se refere o documento é a presença de dois psicanalistas europeus[80] que a partir de 1948 aceitaram vir trabalhar no Rio de Janeiro com a finalidade de promover a formação psicanalítica dos psiquiatras do SNDM, já que a perseguição dos nazistas na Europa tornava insustentável o exercício da psicanálise em seus países.

Ao mesmo tempo, os relatórios de atividades de 1949 a 1957[81] demonstram como os recursos estavam polarizados entre investimentos com a psicanálise e com a construção de hospitais. Eles retratam a carência no número de leitos e de pessoal, informam a farta distribuição de verbas destinadas à construção de unidades hospitalares, ambulatoriais e pavilhões especializados, tanto no Distrito Federal como nos estados. A prestação de contas revela grande investimento nas rubricas de construção e ampliação de instalações, assim como na especialização e treinamento de pessoal. Dentre essas especificações financiadas, encontramos inúmeras solicitações de adiantamento de recursos e de verbas especiais, com a argumentação de que há especial interesse e vantagens no treinamento psicanalítico para a saúde mental da população.

Curiosamente, foi no relatório de 1954, justamente no período em que Jurandyr Manfredini substituía Adauto Botelho na direção, que encontramos sob o título "outros problemas", pela primeira vez, a suspeita de que o investimento feito com treinamento psicanalítico representava desperdício do erário público, já que, "segundo depoimento unânime dos Diretores de órgãos, tem sido até agora de pouca ou nenhuma utilidade para o SNDM".

---

80 Werner Kemper e Max Burke.

81 Nossa pesquisa no CDP-IMAS-JM encontrou relatórios de: 1949, 1950, 1951, 1952, 1954, 1955, 1956 e 1957. No ano de 1955 o diretor era Jurandyr Manfredini, de 1956 a 1958 era Lysanias Marcelino e em 1959 era Lopes Rodrigues.

O mesmo problema é tratado no relatório de 1955, p. 14, considerando a necessidade de regularizar a concessão de bolsas, já que, até então, não havia limitação de prazo para tal investimento.

Então, permanecem para nós algumas interrogações: o que fez com que Adauto Botelho, administrador autoritário, de características extremamente centralizadoras, identificado com o governo varguista, destinasse à psicanálise tamanho investimento, se comparado a outras especializações[82]? Ou, melhor ainda, o que representava a psicanálise para a reforma Capanema e para o projeto do governo Vargas? Saberiam eles que, como dissemos antes, a eficácia da psicanálise, como a peste, deveria ser contagiosa e que sua prática não poderia submeter-se a interesses e negociações de caráter corporativo[83]? Ou será que no Brasil a peste estaria sendo domesticada pelas mãos da psiquiatria e com a proximidade ou promiscuidade estatal?

Na solicitação que Adauto Botelho faz ao Presidente da República de autorização para Walderedo Ismael de Oliveira realizar o "curso de psicanálise na Argentina", ele cita a ligação com a Faculdade de Medicina de Buenos Aires, o adiantamento da psicanálise naquele país, o custo e as condições pessoais do candidato (Of. ao DNS em 9/01/1947, doc. SNDM)[84].

> **A vista do convite da Associação Psicanalítica Argentina, anexada a este, solicito ao Exmo. Sr. Ministro da Educação e Saúde, se V. Ex. estiver de acordo, permissão para que o Dr. WALDEREDO ISMAEL DE OLIVEIRA, psiquiatra do SNDM, realize o curso de psicanálise na Argentina.**
> **Idêntico pedido foi feito pelo Dr. E. E. Krapf Chefe do Consultório de Psicologia e Medicina Psicoanalítica da Catedra dirigida pelo Prof. Mariano Castex em Buenos Aires, neste pedido o DR. Krapf cita especificamente o nome do Dr. Walderedo Ismael de Oliveira que, diz ele, "pelo seu preparo e condições pessoais parece particularmente indicado para este fim [...] o adiantamento da Es-**

82 Ver relatório de atividades da Seção de Administração relativo ao exercício de 1949, verba 3, Serviços e Encargos, Diversos: 02 a) Treinamento psicanalítico de psiquiatras Cr$ 140.000,00, Aperfeiçoamento de pessoal em psiquiatria e neurologia Cr$ 85.000,00. V. doc. SNDM, cf nota 18 do primeiro capítulo.

83 Uma das recomendações de Freud é que o psicanalista deve preservar sua autonomia para ter a liberdade de intervir em material tão delicado como é o material inconsciente. Por isso, dizia ele, uma psicanálise precisa ser paga (Freud, 1996, v. XII).

84 V. doc. cf. nota 18.

cola Psicanalítica Argentina assegura plenamente os benefícios que advirão para o desenvolvimento da psiquiatria brasileira [...].

O discurso de Botelho indica a sua expectativa em relação aos benefícios que um psicanalista poderá trazer à assistência aos doentes mentais. Mas, como vimos, o que ele pensava sobre o que é a psicanálise e a formação psicanalítica era bem diferente do que acontecia em São Paulo desde 1936 e do que estabelecia a IPA desde 1920.

Nesse sentido é que queremos demonstrar que a prática da psicanálise no Rio de Janeiro, que pelos braços da psiquiatria desde 1910 veio sendo acalentada e dominada na sua virulência, passou a atender às características do forte caráter centralizador da estrutura administrativa de Capanema e ao projeto de Estado-Novo de Getúlio Vargas. Foi com essas marcas que se iniciaram, na capital federal, os primeiros passos para um movimento direcionado à formação em psicanálise nos moldes do que se considerava na época a orientação de Freud – a *International Psychoanalytical Association* (IPA).

Assim, encerramos este capítulo com a convicção de que destacamos os pontos em que a proximidade com os órgãos representativos das políticas de saúde – SNDM – e mesmo a Presidência da República, por meio da presença do investimento financeiro e político, teve participação no processo de institucionalização da psicanálise no Rio de Janeiro.

Capítulo 4
Discussão e Conclusão

*E*ste livro pretendeu demonstrar o modo pelo qual a psicanálise no Rio de Janeiro surgiu como resultado de inúmeras negociações e apropriações, entre as quais as mais importantes foram as da psiquiatria, das políticas de saúde e da política interna da IPA. Para finalizar, passamos agora a enumerar as consequências que as diferentes leituras desses intérpretes produziram tanto na teoria psicanalítica como no processo de institucionalização.

Em primeiro lugar, diferentemente do que ocorreu em São Paulo, o fato de Juliano Moreira – diretor do HNA, da Assistência nacional e formulador de grandes mudanças na prática psiquiátrica brasileira – ter sido responsável pela primeira institucionalização da psicanálise no Rio de Janeiro (1928), e isso no próprio hospital psiquiátrico, vinculou de forma decisiva as ideias freudianas à interpretação da psiquiatria da época.

Além disso, importa lembrar quem atrelou a Assistência a Alienados às políticas públicas de saúde, por seu direcionamento teórico, bem como pelo apoio que recebeu por parte das autoridades públicas, passando por figuras como Belisario Penna, Oswaldo Cruz e pelo próprio Ministério da Justiça e Negócios Interiores. Assim, a proposta de Juliano Moreira acerca da degeneração[1] da "raça brasileira", geneticamente adquirida através de condições sanitárias inadequadas e de falta de educação, permitiu que o Estado começasse a assumir para si o compromisso com a saúde mental, incluindo-a no campo mais amplo da saúde de sua população e próxima das bases que sustentaram o sanitarismo e o higienismo brasileiros nas primeiras décadas do XX.

1 Para Juliano, o caráter precário na constituição física e mental do povo brasileiro, embora fosse transmissível geneticamente, não advinha do fator racial e sim de alterações genéticas adquiridas.

Nesse sentido, ele foi um "produtor cultural"[2] não só no que diz respeito aos conhecimentos científicos, como no âmbito da influência política governamental, já que, na década de 1940, os principais órgãos públicos responsáveis pela saúde mental seriam ocupados por seus discípulos. Isso quer dizer que consideramos que seu afastamento compulsório da direção do HNA e da Assistência (então aos Psicopatas) não redundou no apagamento das suas ideias; pelo contrário, elas se reacenderam. O modelo terapêutico institucional proposto por ele, quer o das colônias – em que o asilo deveria ir além do tratamento moral, ser um lugar de cura e de ressocialização, associado ao modelo macro-hospitalar –, quer o regime do *open-door*, o hetero-familiar e a praxiterapia, marcou o discurso dos psiquiatras cariocas, seus discípulos, por muitas décadas e produziu efeitos no programa de ensino da cadeira de Psiquiatria Clínica e nos projetos de Assistência ao doente mental do SNDM, criado quase dez anos após sua morte.

Do mesmo modo, as ideias psicanalíticas introduzidas por Juliano no HNA conviveram na intimidade dos pensamentos sanitaristas, lamarckistas, mendelianos, eugenistas e higienistas da época, compartilharam entre si o apoio das principais instituições da área de saúde e levaram para as décadas posteriores essa bagagem. Assim também, a psicanálise entrou no Rio de Janeiro como possibilidade de salvação para a assistência psiquiátrica, acenando com um recurso para operar sobre o inconsciente; foi recebida também como uma ferramenta indispensável para prevenir e tratar dos desvios do comportamento que ameaçavam a estabilidade e a organização social. E, para estabelecer a convivência com as tendências organicistas da psiquiatria, os objetivos intervencionistas da eugenia e as práticas de controle do comportamento social que a LBHM propunha, foram necessárias costuras, alianças e acordos, tanto no tráfico da influência político-ideológica como também nas concessões teórico-científicas.

Vale lembrar, foi assim que essa versão das ideias psicanalíticas entrou nas instituições representativas do período, como a LBHM, que tinha à frente Gustavo Riedel, da escola de Juliano; a Academia Nacional de Medicina, com Miguel Couto na presidência, outro colaborador. Do mesmo modo, a

2 "[...] produtores culturais, enquanto dominantes, têm a capacidade de impor um determinado paradigma/método/teoria e decidir sobre o funcionamento e a condução do campo e de publicações de paradigmas/ modelos/concepções/teorias considerados válidos" (Duarte, 2009: 34).

psicanálise acabou, nesse viés, por entrar na educação, nas Forças Armadas e na Igreja. Não é demais frisar que tais instituições tomaram para si, cada qual a seu modo, a responsabilidade pela saúde da nação e pela educação moral e social da população.

Tal convivência já é o suficiente para afirmarmos, com Tighet (1997), que as ideias e constructos teóricos da psicanálise envolvidos nessa teia de políticas, interesses e instituições sofreram transformações a partir do momento em que foram utilizados por Juliano Moreira e por seus seguidores com o objetivo de sanear a situação da Assistência para o alienado brasileiro.

Essa análise mostra como o regime de força do Estado Novo, implantando uma estabilidade administrativa, fazia frente à instabilidade política, social e econômica que enfrentava e se fazia presente nas estratégias e ações que sustentavam o pensamento e a prática da psiquiatria da época. Como diz Birman: "Em função disso, a especificidade do discurso psicanalítico é dissolvida numa grande massa de outros saberes que teriam historicamente se constituído no mesmo solo arqueológico" (Birman, 1989: 93).

Nesse período, vigorava o Estado Novo. A Revolução de 1930, que colocou Getúlio Vargas no poder para fazer frente aos efeitos da crise econômica mundial no país e reformar a instabilidade da política de base oligárquica, fomentou um regime centralizador, autoritário e intervencionista, que garantiu o poder e a presença do Estado em todo o território nacional e no meio de todas as camadas sociais. Além disso, o momento era não só de reconstrução nacional, mas também de busca do desenvolvimento econômico e, para consegui-los, essa foi a estratégia (Luz, 2000). Por outro lado, a chegada das ciências positivistas e a ocupação comunista na Europa fortaleciam a ideologia estatal de controle da saúde e da educação da população.

Atender aos interesses dos mais variados segmentos representativos, científicos e partidários, bem como a elite, o trabalhador, organizado ou não, era fundamental para a aceitação das reformas de governo. Aliás, o grande arquiteto das reformas sociais, à frente do MESP e depois do MES durante 11 anos, Gustavo Capanema, representava uma rede de colaboradores e relações pessoais, que incluía desde as Forças Armadas, a Igreja, a base governista de Minas Gerais até os intelectuais de esquerda.

Foi na moldura de uma administração da saúde pública alicerçada no progresso e na ciência que o SNDM (1941) concorreu com o incentivo à construção de grandes hospitais em todo o território nacional e com o treinamento de especialistas. Dessa forma, alinhavam-se interesses dos estados e da capital, da população trabalhadora e da elite. Com a construção de macro-hospitais e hospitais-colônia, a Assistência Psiquiátrica atendia à concepção do organicismo kraepeliano; com a criação dos ambulatórios especializados, favorecia a perspectiva preventiva.

Entretanto, precisamos ainda explicar mais um dado encontrado em nossa pesquisa: como o produto dessa trama conceitual veio a ser sustentado por essas políticas de saúde mental da época. Com Foucault (1976), propomos que o poder que se associou ao saber psicanalítico teve origem nesse espaço social comprometido com o controle biopolítico dos corpos e dos comportamentos no mais íntimo detalhe. Essa inserção particular fez com que a versão psicanalítica produzida pelos intérpretes locais pudesse ser compreendida como uma especialidade psiquiátrica e um apoio para auxiliar na profilaxia das doenças mentais.

Desse modo é que podemos compreender o fato de que a distribuição dos recursos orçamentários do SNDM tenha sempre privilegiado a formação de psicanalistas, a ponto de podermos apenas compará-la à construção de macro-hospitais psiquiátricos.

Com a forte presença de Adauto Botelho[3] à frente da política de saúde mental do governo Vargas (1941 a 1955), o SNDM atendia aos propósitos que lhe foram destinados, que eram os seguintes:

> **I- Superintender as atividades dos órgãos oficiais de assistência e psicopatas, existentes no Distrito Federal; II. Planejar para todo o território nacional os serviços de assistência e proteção a psicopatas, orientando, coordenando e fiscalizando as respectivas instalações e atividades; [...] V. Incentivar o desenvolvimento das atividades de higiene mental, inclusive dentro dos serviços estaduais de saúde pública; [...]; VIII. Divulgar novas aquisições científicas, mediante resenhas sôbre problemas de assistência a psicopatas e higiene mental, indicando, documentadamente, os resultados colhidos na prática de suas aplicações;**

3 Conforme destacamos no segundo item do Capítulo 2, Adauto Botelho permaneceu à frente do SNDM durante 15 anos (1941-1954). Desde o início, recebeu todo o apoio de Getúlio Vargas, tanto no primeiro governo – até 1949 –, como no segundo (1951-1954), sustentando seu cargo durante o período de guerra, o governo de Dutra (1946-1951), a reforma do MES (19530) e a redemocratização do país (1946).

> [...] XII. Cooperar com a Divisão de Obras do Departamento de Administração do Ministério da Educação e Saúde na organização de projetos e plantas-padrões para hospitais, dispensários e outros estabelecimentos de assistência a psicopatas; XIII. Emitir pareceres sôbre projetos de localização, construção, remodelação, adaptação e instalações de serviços de assistência a psicopatas (Relatório de Atividades do SNDM – 1949: 3-4.)[4].

Entretanto, é necessário considerar as consequências do tratamento privilegiado oferecido à psicanálise, entre outras "novas aquisições científicas". Qual o resultado, para a psicanálise, da divulgação e principalmente da tradução que os psiquiatras organicistas da escola de Juliano fizeram dela? Qual a influência da convivência da psicanálise com a Higiene e a Educação Sanitária no discurso dos psiquiatras da época? Que negociações e acordos sustentaram o poder de controle e fiscalização do SNDM sobre o processo de institucionalização da psicanálise carioca? Quais as estratégias e os interesses utilizados e, finalmente, como Botelho conseguiu, junto ao DNS e ao MES, tamanho investimento político e financeiro para apoiar a psicanálise?

Não se pode negar que o perfil centralizador e autoritário de Botelho afinava-se com a equipe dirigente do governo Vargas. Como mostramos no segundo item do Capítulo 2, uma nota publicada no *Correio da Manhã* de 20/04/1945 censurava-o por sua administração "autocrata" e "fascista"; em resposta, toda a equipe de psiquiatras do SNDM assinou uma carta-desmentido publicada na semana seguinte, no mesmo jornal. A unanimidade e a urgência que caracterizaram tal defesa, associadas à ausência de qualquer justificativa sobre o objeto que deu origem à acusação, nos parecem suspeitas[5]. Afinal, o que significava o predicativo "fascista" na época?

Até a década de 1940 o Brasil gozava de relações bastante próximas com a Alemanha. Com a ameaça nazista na Europa a partir de 1930, criou-se uma tensão Alemanha-Estados Unidos e países aliados que acabou por exigir do Brasil uma nova posição. Não podemos esquecer que, dispondo de ampla costa oceânica, situação geográfica estratégica, ampla floresta de seringais e oferta de minério, o Brasil tornou-se interessante para as forças aliadas. Assim, a influên-

---

4 Ver doc. SNDM, cf. nota 18 do primeiro capítulo.

5 Ver doc. p. seguinte.

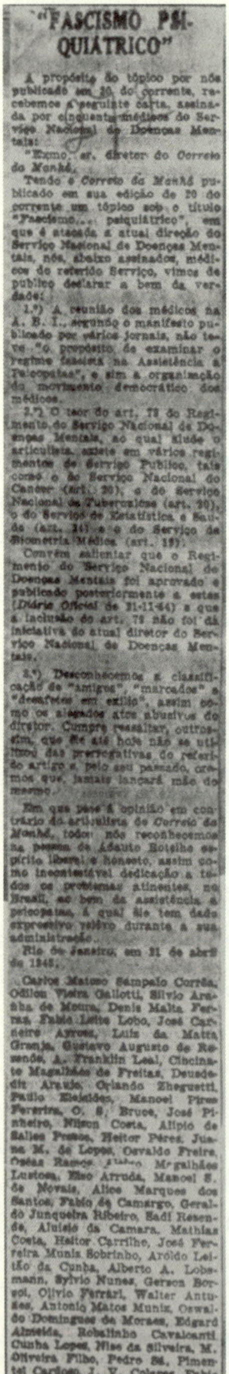

"FASCISMO PSIQUIÁTRICO"

A propósito do tópico por nós publicado em 20 do corrente, recebemos a seguinte carta, assinada por cinquenta médicos do Serviço Nacional de Doenças Mentais:

"Exmo. sr. diretor do *Correio da Manhã*.

Tendo o *Correio da Manhã* publicado em sua edição de 20 do corrente um tópico sob o título "*Fascismo... psiquiátrico*", em que é atacada a atual direção do Serviço Nacional de Doenças Mentais, nós, abaixo assinados, médicos do referido Serviço, vimos de público declarar a bem da verdade:

1.º) A reunião dos médicos na A. B. I., segundo o manifesto publicado por vários jornais, não teve "o propósito de examinar o regime fascista na Assistência a Psicopatas", e sim a organização do movimento democrático dos médicos.

2.º) O teor do art. 78 do Regimento do Serviço Nacional de Doenças Mentais, ao qual alude o articulista, existe em vários regimentos do Serviço Público, tais como o do Serviço Nacional do Câncer (art. 30), o do Serviço Nacional de Tuberculose (art. 30), o do Serviço de Estatística e Saúde (art. 34) e o do Serviço de Biometria Médica (art. 18).

Convém salientar que o Regimento do Serviço Nacional de Doenças Mentais foi aprovado e publicado posteriormente a estes (*Diário Oficial* de 31-11-44) e que a inclusão do art. 78 não foi da iniciativa do atual diretor do Serviço Nacional de Doenças Mentais.

3.º) Desconhecemos a classificação de "amigos", "marcados" e "desafetos em exílio", assim como os alegados atos abusivos do diretor. Cumpre ressaltar, outrossim, que êle até hoje não se utilizou das prerrogativas do referido artigo e, pelo seu passado, cremos que jamais lançará mão do mesmo.

Em que pese à opinião em contrário do articulista do *Correio da Manhã*, todos nós reconhecemos na pessoa de Adauto Botelho espírito liberal e honesto, assim como incontestável dedicação a todos os problemas atinentes, no Brasil, ao bem da Assistência a psicopatas, à qual êle tem dado expressivo relêvo durante a sua administração.

Rio de Janeiro, em 31 de abril de 1945.

Carlos Maximo Sampaio Corrêa, Odilon Vieira Gallotti, Silvio Aranha de Moura, Denis Malta Ferraz, Fabio Leite Lobo, José Carneiro Ayroza, Luiz da Matta Granja, Gustavo Augusto de Rezende, A. Franklin Leal, Cincinato Magalhães de Freitas, Deusdedit Araujo, Orlando Zheguetti, Paulo Elejalde, Manoel Pires Ferreira, O. S. Bruce, José Pinheiro, Nilson Costa, Alipio de Salles Pessoa, Heitor Péres, Juana M. de Lopes, Osvaldo Freire, Oséas Ramos, [illegible] Magalhães Lustosa, Eliso Arruda, Manoel S. de Novais, Alice Marques dos Santos, Fabio de Camargo, Geraldo Junqueira Ribeiro, Sadi Resende, Aluisio da Camara, Mathias Costa, Heitor Carrilho, José Ferreira Muniz Sobrinho, Aroldo Leitão da Cunha, Alberto A. Lobemann, Sylvio Nunes, Gerson Borsoi, Olivio Ferrari, Walter Antunes, Antonio Matos Muniz, Oswaldo Domingues de Moraes, Edgard Almeida, Robalinho Cavalcanti, Cunha Lopes, Nise da Silveira, M. Oliveira Filho, Pedro Sá, Pimentel Cardoso, J. V. Colares, Fabio Sodré, Waldemiro Pires, Aurelino Cesar Navarro, Leandro Moura

cia do modelo americano de governo e suas formas de relações internacionais criaram uma redistribuição de poder político e econômico, um novo sistema de produção e de valores sociais, refletindo-se no próprio conceito de saúde e projetos assistenciais. Como disse Duarte (2009), a saúde passou a significar "o bem estar físico, mental, psíquico e social". A partir de então, passou-se a esperar da conduta terapêutica que ela fosse capaz não apenas de retirar os sintomas que acometiam a população, mas também de promover melhores condições de vida a fim de evitar "distúrbios, desvios e condutas marginais" (Duarte, 2009: 84).

Essa época foi marcada por uma política internacional de cooperação, alianças e acordos, por meio da qual a diplomacia de Capanema buscou tornar vantajosa a negociação com os aliados para os interesses desenvolvimentistas brasileiros. O caráter democrático destacou o valor do poder legislativo, dos partidos políticos, assim como das demais representações sociais (Fonseca, 2006). Foi assim que, em 1951, Vargas voltou ao poder por sufrágio popular.

Esse cenário imprimiu um grande investimento nas ações preventivas de saúde, principalmente junto à população trabalhadora. Por outro lado, as demandas originadas do contingente de lesionados de guerra e de uma sociedade desestruturada pesavam na responsabilidade da assistência estatal, quadro que se tornava mais crítico no campo do mental.

Nesse sentido, os planos de incentivos financeiros, como o SESP, o Plano Salte, o IAIA, os programas de ações de saúde, como a LBHM e a colaboração das ciências modernas, vinham em boa hora.

Esse novo enfoque não prejudicou as relações da psicanálise com a psiquiatria ou com o SNDM. Ao contrário, nesse novo período, a psicanálise carioca foi ainda mais domesticada para se conciliar com os demais saberes e adaptar-se às necessidades do momento político. Conforme nos mostra Birman, a psicanálise, ao se dirigir aos seus consumidores como um bem social, sofreu os efeitos discursivos de sua penetração na cultura. "[...] esta forma de presença e de reprodução social da psicanálise na atual conjuntura histórica tem os seus custos simbólicos como também em contrapartida, tem os seus ganhos" (Birman, 1989: 23).

Entretanto, o preço de sua entrada para o campo instituído –, da prática do ensino e da assistência psiquiátrica – parece jamais ter sido contabilizado pelas sociedades ipeanas advindas de tal conjuntura. Não encontramos em parte alguma mencionadas as perdas sofridas pela consistência teórica quando psiquiatras organicistas foram admitidos para a tradução das obras de Freud. Nada parece ter ficado registrado no interior dessas sociedades sobre as concessões que os analistas em formação tiveram que fazer para terem suas análises pessoais (didáticas) patrocinadas pelo órgão empregador. Não há registros nem na documentação do SNDM, nem no acervo das sociedades sobre a prática clínica dos psicanalistas então formados. Quanto aos ganhos, poderíamos apontar a realização das ambições desses psiquiatras ao conquistarem, como São Paulo, as duas sociedades psicanalíticas ligadas à IPA, consideradas oficiais por seus pares internacionais. Mesmo assim, pouco se sabe acerca do desenrolar dessa psicanálise institucionalizada – não há disponibilização das atas, por exemplo, ou mesmo de parte do material pesquisado por Bediaga e Ponte (1999) que, conforme visto, foi censurado. Porém é preciso também reconhecer que os "esquecimentos" não se deveram apenas a fatores internos, mas também entre suas paredes, até porque o funcionamento e a administração dessas sociedades estiveram até certo ponto centralizados no modelo imposto pela IPA, o que parece ter criado certa automação burocrática. Provavelmente Freud já previa que a fundação da IPA traria inconvenientes, quando o vemos justificá-la. "Nem eu nem meus amigos e colaboradores achamos agradável reclamar um monopólio desse modo no uso de uma técnica médica. Mas, em face dos perigos para os pacientes e para a causa da psicanálise inerentes à prática que se pode antever de uma psicanálise "silvestre", não tivemos outra escolha" (Freud, 1910/1996: 212).

Foi no intuito de discriminar a psicanálise de quaisquer outras técnicas que pudessem lhe imputar prejuízos teóricos que Freud concordou em instituir critérios para a transmissão da psicanálise. Mesmo contrariado, fundava então um modelo para regular o que ele mesmo havia admitido como original, inédito e particular – o processo de uma psicanálise, no confronto com o inconsciente e suas resistências: "[...] esta técnica não pode no entanto ser adquirida nos livros, e ela por certo não pode ser descoberta independentemente, sem grandes sacrifícios de tempo, cansaço e de sucesso. [...] Ela tem que ser aprendida com aqueles que já são experimentados nela" (Freud, 1910/1996: 212).

A partir da criação da IPA, a autonomia da prática da psicanálise, tão preciosa para Freud, ficou engessada pela referência exclusiva de um terceiro que passou a lhe conferir valor de verdade pelas vias das regras institucionais. A psicanálise que chegara rompendo com a interpretação organicista e classificatória dos sintomas da histeria, introduzindo uma prática discursiva (Freud, 1895), reduziu-se muitas vezes a mera especialidade e/ou técnica (Facchinetti, 2003b: 159-161).

Conforme ressaltamos na Introdução deste livro, com o apoio de Tighet (1997), interpretamos que esse campo de forças que serviu de moldura à institucionalização da psicanálise no Rio de Janeiro foi determinante no seu processo e nas características do modelo final. Como nos indica Ponte (1999), é inegável "a relevância da dimensão política na reprodução e delineamento do saber no interior das sociedades que dominaram o cenário psicanalítico nacional [...]" (Ponte, 1999: 146).

De fato, a psicanálise adaptou-se às demandas do saber psiquiátrico da Faculdade de Medicina, às características da política de saúde pública de Capanema, às normas da IPA, assim como havia se conformado com os padrões do pós-guerra europeu. Esse mal-estar está colocado até hoje entre os psicanalistas brasileiros, quer estejam ligados à IPA ou não.

Ainda sobre o tema mal-estar, vale retomar a experiência e a relação que mantinham com a psicanálise os analistas que chegaram ao Rio de Janeiro para formar novos psicanalistas. Uma vista d'olhos sobre o que aconteceu com a Sociedade Germânica de Psicanálise – sede do movimento freudiano – e sobre os destinos que a psicanálise sofreu ao longo do projeto nazista nos permite avaliar os efeitos das negociações que permearam o processo de legitimação institucional da psicanálise na Europa e suas articulações com as questões que regiam os grupos cariocas de psicanálise.

Como mostramos no Capítulo 3 deste livro, a participação de Kemper mereceu destaque na construção das duas unidades que instituíram a psicanálise no Rio de Janeiro – a SBPRJ e a SPRJ. Seja a origem das divergências entre ele e Burke e seu grupo científica ou pessoal, de qualquer forma os elementos que fizeram parte desse acontecimento não escaparam à influência política. Como diz Serio (1998), a questão que permeia todo o movimento psicanalítico desde Freud é "a busca pela legitimidade, legitimidade teórica, mas também sócio-política. É por esta razão que a teorização psicanalítica é paradoxal e inevitavelmente entra em flagrantes (e cruéis) contradições com suas práticas. Pois nestas, a confusão entre autoridade simbólica e imaginária é inevitável" (Serio, 1998: 216).

Fizemos também uma rápida referência à participação de Kemper no governo social-democrático instalado na Alemanha pela ocupação nazista em 1938. Entretanto, é importante considerar, agora, que, além de Kemper, também seu supervisor Felix Boehm[6], em nome da sobrevivência institucional da psicanálise e sob a orientação de Ernest Jones, presidente da IPA, aderiu às normas do governo nazista, adaptando a psicanálise ao Instituto Alemão de Pesquisa Psicológica e Psicoterapia e renegando qualquer participação de Freud, cuja autoria, por ser judeu, estava proibida (Brecht, 1985: 164).

Em 1948, a fim de fugir às agruras do pós-guerra alemão, Kemper emigrou para o Rio de Janeiro, iniciando, assim, subvencionado pelo governo federal, a formação de psicanalistas. Antes dele, havia chegado Burke (Recibos de prestação de serviços – doc. SNDM)[7]. No entanto, desconhecem-se os critérios utilizados por Jones, então presidente da IPA, ao fazer tais indicações[8]. É muito provável que a indicação de Jones estivesse condicionada à disponibilidade orçamentária do MES para especialização de seu quadro de psiquiatras. Afinal, alguns psicanalistas já haviam buscado formação em Buenos Aires e em Londres. Por que não oferecer uma maneira mais barata e cômoda de fazê-lo?

Para melhor compreendermos o significado das intervenções e concessões teóricas relativas à psicanálise e suas consequências, é preciso que se

6 Felix Boehm, supervisor de Kemper, ariano, considerado simpatizante do nazismo, participou da reforma que o regime nazista imprimiu à DPG, assumindo o cargo de diretor do Instituto Göering – Instituto Alemão de Pesquisa Psicológica e Psicoterapia (Facchinetti, 2003: 11).

7 V. doc SNDM, cf. nota 18 do primeiro capítulo.

8 Conforme mostramos no Capítulo 3, um grupo de analistas se organizou em torno de Arruda Câmara (IBP) para conseguir com Jones (IPA) a indicação de um psicanalista. Jones enviou Burke, um judeu polonês refugiado, membro da Sociedade Britânica de Psicanálise, e, em seguida, Kemper, um alemão, membro da antiga Sociedade Germânica de Psicanálise, na época associada às demais instituições.

considere ainda o conceito de transferência[9], apontado por Freud – condição *sine qua non* em se tratando de um processo analítico. Sendo o pilar não apenas da prática, mas também da transmissão[10] da psicanálise, a transferência remonta à presença viva de Freud, instituindo-a nos diferentes espaços em que a psicanálise surge. Entretanto, não é apenas a Freud que a transmissão retorna, como nos ressalta Birman: "Porém, sendo uma prática social regulada também por uma lógica inter-institucional, o discurso psicanalítico receberá uma incisiva ação de retorno do espaço social em que se articula como prática" (Birman, 1989: 25).

Apoiados em Birman (1989), levantamos a hipótese de que a experiência da formação de Kemper, atravessada pelo exílio de Freud e diante das exigências políticas do nazismo, próximas à II Guerra Mundial, marcou a transmissão da psicanálise que chegou ao Rio de Janeiro.

> **[..] a problemática da transferência se revela neste espaço de interrogações através da figura de cada psicanalista na sua relação com a massa de analisandos reais e possíveis, como também na relação de cada analista com Freud, através das instituições, responsáveis pela transmissão direta da psicanálise e que administram a sua reprodução social (Birman, 1989: 25).**

Dessa forma, a formação psicanalítica de Kemper – isto é, o tecido das experiências de transferência[11] com seus analistas, supervisores e com as transformações da sua sociedade psicanalítica em Berlim do pós-guerra – e sua inclusão na máquina administrativa e burocrática do Instituto de Psicoterapia de Berlim participaram de sua inserção na psicanálise e, por derivação,

9 Processo que se estabelece no interior mesmo da experiência de uma análise, a partir de elementos inconscientes do analisando dirigidos ao analista. Na transferência repete-se com o analista a formação constitutiva do sujeito do desejo na sua relação com o outro (Kaufman, 1996).

10 A transferência, certamente uma das mais importantes descobertas de Freud (1905; 1912), é o meio de transmissão da psicanálise, e esta acontece, primordialmente, na análise pessoal do futuro analista, bem como mediante o estudo da bibliografia específica e, mais concretamente, nas sessões científicas das associações psicanalíticas e pelo contato pessoal com os membros mais antigos e experimentados das mesmas. Quanto a sua experiência prática, fora aquela adquirida por meio de sua própria análise, a IPA propõe que o futuro analista pode alcançá-la mediante tratamentos efetuados sob controle e guia dos psicanalistas mais reconhecidos.

11 Kemper foi analisado por Carl Müller-Braunscheig, teve como supervisor Felix Boehm e Otto Fenichel, todos comprometidos com o Sistema Social Democrático e com os ideais marxistas (Brecht, 1985).

do processo de institucionalização da psicanálise carioca. Fontes primárias[12] revelam que a experiência da sua prática em psicanálise sofreu relevantes desvios frente à restrição que o regime nazista impôs a qualquer prática ou teoria científica que tivesse relação com judeus. As forças nazistas tomaram o governo e determinaram o fechamento da Sociedade Germânica de Psicanálise, a destruição dos textos de Freud e a inclusão da teoria psicanalítica nas demais teorias psicológicas, para servir aos interesses da social-democracia. Kemper – um dos poucos psicanalistas não judeus – pôde e quis permanecer na direção da sociedade arianizada, aceitando sua direção. Vale dizer que esse ato foi devidamente avalizado por Ernest Jones, na época presidente da IPA, que aceitou submeter a psicanálise aos novos critérios (nazistas), em nome da salvação da causa psicanalítica.

Mesmo assim, é surpreendente que a história oficial das sociedades psicanalíticas cariocas jamais tenha se ocupado da influência do contexto político-social em seu processo de constituição[13]. Katz (1985) também nos chama a atenção para o modo tradicional pelo qual são produzidas a história e a política na IPA. "Primeiro nada informa, e segundo, se tiver que fazê-lo, não explicita detalhes" (Katz, 1985: 208). O autor denuncia que, em se tratando de uma historicização interessada, autorizada e reforçada institucionalmente, esses elementos nem sempre são explicitados em nome de se poupar a psicanálise. Afinal, ao omitir os detalhes da história da psicanálise, do que a estamos poupando senão de sua própria experiência? Um exemplo dessa omissão? O caráter ambivalente adquirido pelo depoimento de Inaura Carneiro Leão para o Projeto Memória (1992).

> **BB – [...] quando o Dr. Burke e o Dr. Kemper rompem. E a Sra. então, como Analisanda do Dr. Kemper...**
>
> **IL – Permaneço com o Prof Kemper. Dou todo o apoio.**
>
> **BB – Como é que a Sra. vê essas divergências que havia entre os dois?**

---

12 Queremos destacar os documentos impressos na publicação *Here life goes on in a most peculiar way. Psychoanalysis before and after 1933*, editado pela Kellner, Berlim, 1985. Edição em inglês patrocinada pelo Instituto Goethe de Londres.

13 Tanto a SBPRJ quanto a SPRJ têm publicações comemorativas de fundação. O *Projeto Memória da SBPRJ*, com entrevistas colhidas por Ponte, C. e Bediaga, B. (1992), não foi publicado na íntegra, como também não é acessível à comunidade científica nem ao público em geral (Ponte e Bediaga, 1999).

> IL – Olhe, aparentemente a divergência era científica. Tratava-se do fato de que o Burke era um Analista Kleiniano, e que o Kemper era um Analista freudiano clássico. Na verdade, não foi – nunca é por motivos científicos que ocorrem essas cisões. Então, o que havia por trás disso era uma briga pessoal entre Kemper e Burke. Kemper era Membro Efetivo da Sociedade de Berlim, Burke era Membro Associado da Sociedade Britânica. O Kemper foi diretor do Instituto de Psicoterapia de Berlim[14]. Num certo momento, o Burke acusa o Kemper, ou melhor, a mulher do Kemper, de não ser Analista. Esta Sra. Kattrin Kemper, era Professora lá no Instituto de Berlim, o que não significa que ela fosse Psicanalista. Eu vi o nome dela numa lista impressa como Professora do Instituto de Psicoterapia de Berlim. E acredito que ela não era Analista. Na carta que eles mandaram pra cá ela aparecia como...
>
> BB – Grafóloga.
>
> IL - Grafóloga. E não como Psicanalista. Mas depois ela fez Supervisão em São Paulo, etc. E com o prestígio do Kemper ela conseguiu se tornar Psicanalista. Eu sempre tive uma tremenda má-vontade com ela. Até pensava que era "situação edipiana"... (Bediaga e Ponte, 1992. Entrevista com Inaura Carneiro Leão, p. 41).

Neste relato, Inaura utiliza-se de uma situação transferencial[15] para poupar a si e ao seu analista dos efeitos da experiência da sua própria formação. Como vimos nas recomendações de Freud sobre a formação de um psicanalista, é só a partir da experiência da sua análise que ele pode tomar lugar na história da psicanálise. No entanto, Inaura usa a experiência da sua análise como justificativa para não se pronunciar sobre os rumos da psicanálise de seu tempo. São a hierarquia e o poder que são privilegiados; a causa psicanalítica é negligenciada, na medida em que é omitido justo o que para Freud foi o mais caro: a questão da formação do psicanalista.

Da mesma maneira que em Berlim de 1933, no Rio de Janeiro de 1951 Kemper privilegiou uma solução institucional: ele fundou outra instituição

---

14 Vale lembrar que esse instituto resultou da reunião, por ordem do governo nazista, de todas as instituições da área da psicologia, sob a direção de um neurologista, Mathias Göring, diretamente ligado ao comando do Reich.

15 A "situação edipiana" mencionada refere-se à posição característica da organização libidinal, na qual a menina inconscientemente busca o lugar de objeto do amor do Pai, procurando afastar a mãe (Laplanche e Pontalis, 1983).

– o CEP – a fim de encobrir as divergências teóricas surgidas dentro do IBP, elidindo questões próprias da prática psicanalítica[16]. As disputas entre diferentes correntes psicanalíticas sempre estiveram presentes nesse movimento. Entretanto, diferentemente de Freud, que esperava por interlocutores que o contestassem, produzindo assim a extensão da psicanálise, ampliando seu conteúdo e criando laços com outros campos científicos além da Psiquiatria e da Neurologia (Freud, 1914/1996: 55), (como em Berlim de 1930), as diferenças teóricas entre os psicanalistas seus seguidores, aqui no Rio de Janeiro, foram tomadas como desvio da norma e de princípios. Nesse sentido, a produção de saber sofreu influência das disputas políticas que foram transformadas em questões de poder e de hierarquia (Abrão, 2008: 376).

Assim foi na recepção dos primeiros psicanalistas chegados da Argentina em 1949; foi assim na separação entre Kemper e Burke, em 1951, que culminou na cisão do IBP; e foi o que ocorreu na crise em torno da proposta de Décio de Souza, que, tendo chegando de Londres em 1949, queria desenvolver o ensino de M. Klein[17] para o tratamento de crianças e psicóticos. Décio, um dos psicanalistas fundadores da SBPRJ, foi afastado do quadro de membros sem que os motivos reais pudessem ser mencionados[18] (Vianna, 1994: 31; Inaura Carneiro Leão *in* Ponte e Bediaga, 1990: 21).

Ao longo deste livro, demonstramos que momentos históricos distintos emolduraram o mesmo cenário: o processo de institucionalização, recalcando e censurando o novo saber, provocou um mal-estar naqueles que atuavam na área, produzindo um sentimento de culpa e pecado em relação às suas próprias origens e à formação do campo. Sempre às voltas com normas, regulamentos e com o saber *a priori*, essas sociedades ligadas à IPA aniquilaram, assim, aquilo que constituiria a finalidade para a qual aquela instituição havia sido criada: manter o vigor da criação, da inventividade e da originalidade em torno do objeto da psicanálise – o inconsciente.

---

16 Por exemplo, a questão da análise leiga, defendida por Freud desde os primórdios do movimento psicanalítico por entender que a psicanálise nada tinha a ver com a medicina (Freud, 1914).

17 Melanie Klein, como Ana Freud, dedicou-se à psicanálise infantil e influenciou a escola inglesa. Divergências entre elas, durante muito tempo, contribuíram para uma forte rejeição a sua contribuição teórica.

18 Alegava-se que a transmissão oral por meio de palestras, cursos e supervisões exagerava na ênfase em contrapor princípios rígidos e estereotipados que estabelecessem uma fronteira com a teoria freudiana, o que no corpo teórico verdadeiramente não existia. Cf. Ponte e Bediaga, 1999 – *Projeto Memória* – entrevista com Inaura Carneiro Leão.

Na medida em que os fatores que interagem para a formação de uma genealogia da psicanálise carioca foram elididos da sua história, o movimento psicanalítico local passou a ficar à mercê do poder e das demandas político-sociais.

Foi assim que tanto o processo de "institucionalização" da psicanálise no Rio de Janeiro, a partir de 1948, sob o patrocínio do SNDM, quanto o da Sociedade Psicanalítica Alemã diante do projeto de purificação do povo alemão em 1938 sofreram a pressão de fatores adaptativos de um projeto de nação. O primeiro resultou de negociações entre a psiquiatria da época – SNDM –, as políticas públicas de saúde do governo do pós-guerra e os interesses da IPA, na época já deslocada para a Inglaterra[19] por causa da invasão nazista. O outro se apoiou nas aspirações da IPA, iludida pelas garantias de Mathias Göring[20] de que a autonomia da psicanálise seria preservada, na condição de colaborar com métodos e técnicas de tratamento para os planos de Hitler.

Podemos sustentar, então, que, a despeito das pretensões anunciadas pela IPA e a despeito também das garantias dadas por suas normas e regras de que esse seria o modo correto e oficial de institucionalização, a psicanálise carioca que acabou por ser frequentada foi aquela incluída na série das especialidades que poderiam contribuir para a maior eficácia da psiquiatria como intervenção política no cenário da época.

Considerações finais ou "Mais, ainda"[21]

Como foi dito na introdução, minha formação lacaniana, em época de grande turbulência no movimento psicanalítico não só no Brasil como no círculo das sociedades ipeanas de todo o mundo, comprometeu-me a estabelecer uma reflexão crítica acerca da psicanálise e da base da sua formação.

Com a fundação das duas sociedades na década de 1950, os psicanalistas inauguram um novo *status* para a atividade que surgia, sem romper, no entanto,

---

19 As sociedades científicas deveriam banir os judeus do quadro de associados, foram proibidas de estudar teorias criadas por judeus, e Freud, fisicamente abatido, foi forçado a deixar Viena em 1938, já que sua casa fora invadida, sua família submetida a constantes interrogatórios e seus bens confiscados (Brecht, 1985).

20 Mathias Göring, especialista em distúrbios nervosos e afetivos, tornou-se membro do Partido Comunista e em 1936, graças a sua relação pessoal com o marechal do Reich, Hermann Göring, passou a ser diretor do Instituto de Psicoterapia e Pesquisa Psicológica, chamado o "coração e a alma" do Nacional Socialismo (Bretch, 1985).

21 Tradução de M. D. Magno, do original *Encore*... (1973), *Seminário 20* de Lacan. Paris: Seuil, 1975.

os laços com suas origens institucionais no Rio de Janeiro, isto é, com a faculdade de medicina e a profissão psiquiátrica[22]. Através dessas duas inserções assegurou-se a hegemonia de um discurso e de uma prática psicanalíticos segundo um modelo definido – a IPA –, mas que estava, ao mesmo tempo, sob a proteção do Estado e sob a égide psiquiátrica. Assim, o modelo de funcionamento da IPA, que, como sabemos, influiu tanto no processo de criação da SBPSP e nos rumos da institucionalização psicanalítica brasileira, permaneceu, até meados dos anos de 1970, na gestão exclusiva da prática psicanalítica no Rio de Janeiro.

Mas a exclusividade do interesse e do uso da psicanálise como referencial clínico não se limitou ao campo médico. Às margens do processo de institucionalização, foi-se construindo um interesse de diferentes profissionais que passaram a estudar Freud e a fazer supervisão com os psicanalistas. Nas instituições psiquiátricas e nos consultórios, inspetores de higiene mental, educadores, assistentes sociais e psicólogos, entre outros, foram constituindo um grupo não-médico de forte interesse pela formação psicanalítica.

Ao mesmo tempo, em 1952, na França, dentro da Sociedade Psicanalítica de Paris (SPP), instituição filiada à IPA, teve início um movimento que posteriormente foi chamado por seu próprio criador de "retorno a Freud" (Lacan, 1998). Junto com outros mestres da SPP, Lacan se rebelava contra os princípios da regulamentação didática determinados pela IPA (Roudinesco, 1994: 211). Não tardou para que, da cisão da SPP, ele e alguns outros[23] fundassem a Sociedade Freudiana de Paris (SFP), cujos dez anos de existência foram marcados por uma série de cisões, interesses e negociações que envolveram representações não só da psicanálise, como também da psiquiatria, da filosofia e da universidade (Didier-Weill, 2007). Isso não impediu que a afluência de interessados tivesse crescido vertiginosamente.

Porém esse embate com a IPA só se esgotou quando Lacan, abatido e frustrado, fundou em 1964 a Escola Freudiana de Paris (EFP). Como vemos, tanto lá como aqui, a psicanálise navegou em águas revoltas.

No Rio de Janeiro, especialmente, foi a busca dos psicólogos[24] pela formação em psicologia clínica, fortemente incrementada ao longo dos anos 60

---

22 Essa dupla inserção fere uma antiga pretensão freudiana, no que diz respeito à identidade e à autonomia da prática psicanalítica (Freud, 1914/1969).

23 Maud Manoni, Daniel Lagache, Serge Leclaire, Granoff e outros. Cf. Roudinesco, 1994.

24 O primeiro curso de psicologia no Brasil surgiu na Pontifícia Universidade Católica – PUC-RJ em 1953, e a profissão de

pela teoria psicanalítica que, chegando no início da década de 1970, começou a incomodar os médicos-psicanalistas-funcionários públicos, membros das sociedades oficiais.

De fato, ao tomarem a psicanálise como suporte, os psicólogos passaram a concorrer para a desestabilização do movimento psicanalítico oficial aqui instituído. Se por um lado seu interesse foi um dos grandes responsáveis pelo aumento da demanda de análise e de supervisão, por outro eles acabaram por abrir um espaço de concorrência, principalmente no atendimento de crianças (Figueiredo, 1986). Mais ainda, a luta pelo reconhecimento social e pela identidade profissional dos psicólogos no campo da psicanálise foi aumentando paulatinamente.

Assim, a chegada da teoria lacaniana no Brasil, em 1970, encontrou um cenário de lutas envolvendo psicólogos, psicanalistas e psiquiatras.

A esse cenário veio sobrepor-se a moldura da ditadura militar que passou a governar o país de 1964 a 1984, período caracterizado por atividades de franca centralização e concentração do poder institucional (Luz, 2000)[25]. Por meio do Ato Institucional nº 5, "o governo assume controle integral da sociedade brasileira", e foi nesse contexto que, em 29 de março de 1965, a SPRJ decidiu eliminar o psicanalista didata Décio Soares de Souza, um dos seus fundadores, que curiosamente desenvolvia a psicanálise com crianças[26], e a supervisão de psicólogos, sem que lhes fosse revelado o real motivo de tal decisão[27]. Esse foi apenas o ato inaugural de um grande período no qual o funcionamento das sociedades psicanalíticas caminhou *pari passu* com o regime do governo militar, sempre apoiado pela IPA. No entanto, o que mais nos interessa é apontar que, mais uma vez, não há registro desses fatos na história oficial. Gravadores são desligados, relatos são deformados, atas são rasuradas, cartas anônimas são emitidas; enfim, encontramos uma série de recursos e estratégias análogos

psicólogo foi regulamentada em 1962.

25 Ver Couto e Silva, Golbery. *Geopolítica do Brasil*. Rio de Janeiro: José Olympio, 1967.

26 A psicanálise com crianças foi banida da formação psicanalítica, desde 1961, quando a comissão investigadora da IPA sugeriu dezenove recomendações para que a SFP pudesse obter o reconhecimento oficial. Tal decisão deveu-se em parte à condenação dos métodos de inspiração kleiniana, utilizados por Françoise Dolto; e em parte devido às desavenças entre Anna Freud e Melanie Klein (Roudinesco, 1994).

27 Sobre o assunto, consultar o depoimento gravado de Inaura Carneiro Leão *in* Ponte e Bediaga, 1992.

aos utilizados pelo regime de força de então na gestão dos poderes ipeanos (Vianna, 1994a: 31).

Ao mesmo tempo, a crise política na Argentina em 1976 desembarcou uma leva de psicanalistas e psiquiatras daquele país no Brasil, especialmente em Porto Alegre, pela proximidade, e no Rio de Janeiro, onde a psicanálise era mais profícua. Esses profissionais, formados pela Associação Psicanalítica Argentina (APA), traziam uma experiência que era negligenciada pelas sociedades cariocas – a teoria da escola inglesa, de Melanie Klein.

Esse quadro nos adverte sobre as consequências do exercício da censura nas publicações que reproduzem uma história "interessada", ou seja, sob o peso moral da institucionalização. O silêncio das instituições, com o pretexto de defender sua memória, alimentou a chama de outros trabalhos historiográficos que interrogam seus limites e denunciam as lacunas dessa história. A constância dessa omissão, que encobre a influência do contexto político-social no processo de constituição das sociedades psicanalíticas[28], nos faz pensar que, como Freud mostrou e Lacan teorizou, "o sujeito é sempre dividido". É o que parece sustentar a revelação de Roudinesco:

> **A história das sociedades psicanalíticas revela esta coisa espantosa: quanto mais se favorece a emergência de um poder democrático baseado no respeito pela fala individual, mais se tende a apagar o primado do trabalho inconsciente. [...] a democracia liga-se a um conceito de liberdade eminentemente contraditório com a descoberta freudiana, que sustenta que os homens estão sujeitos a um destino que lhes escapa e do qual o tratamento permite uma revelação parcial (Roudinesco, 1994: 243).**

Nosso livro buscou oferecer uma contribuição para que a formação dos psicanalistas hoje se baseie na constante interrogação do discurso de Freud a partir da experiência com seus pressupostos fundamentais, a saber: o inconsciente ou, como diria Lacan (1979), o sexual, a transferência, a pulsão e a repetição.

Ao final do percurso, vemos que o desejo cresceu, abrindo-se um novo limiar de pesquisa no período da ditadura propriamente dito. Sabemos que

28 Tanto a SBPRJ quanto a SPRJ, como já mencionamos, têm publicações comemorativas de fundação. O *Projeto Memória da SBPRJ*, entrevistas colhidas por Ponte, C. e Bediaga, B. (1992), lembremos, não foi publicado na íntegra, como também não é accessível à comunidade científica nem ao público em geral (Ponte e Bediaga, 1999).

muitos foram os que já investigaram sobre o período (Serio, 1998; Russo, 2002; Vianna, 1994a), mas a documentação da DINSAM abriu-nos novas perspectivas de pesquisa que permitem um novo olhar para o velho tema. Assunto premente para o campo social, é um tema ainda mais relevante para nós psicanalistas que, de um modo ou de outro, fomos atravessados por esses ruídos ao buscar encontrar a letra de Freud. Assim, ao invés de um ponto final, dois pontos abrem novas questões, indicando que esta foi apenas a primeira etapa para uma genealogia da psicanálise carioca.

Referências Bibliográficas

ABRÃO, J. L. F. (2008). Considerações históricas sobre a difusão do pensamento kleiniano no Brasil. *Revista Latinoamericana de Psicopatologia Fundamental*, v. 11, nº 3, 365-379. São Paulo.

AUSTREGÉSILO, A. (1876). *As forças curativas do espírito. Persuasão, fé, sugestão e análise mental.* Rio de Janeiro: Guanabara, 1942.

————. *Conceito clinico das psico-neuroses.* Rio de Janeiro: Guanabara, 1932.

BELO, M. (2007). *Filhos da Mãe.* Lisboa: Edeline.

BIRMAN, J. (1989). *Freud e a experiência psicanalítica.* Rio de Janeiro: Taurus-Timbre.

————. (1991). *Freud e a interpretação psicanalítica.* Rio de Janeiro: Relume Dumará.

————. (org.). (1998). *Percursos na história da psicanálise.* (Coleção Ananké). Rio de Janeiro: Taurus.

————. (2007). A biopolítica na genealogia da psicanálise: da salvação à cura. *História, Ciências, Saúde – Manguinhos.* Rio de Janeiro, v. 14, nº 2, 529-548.

BOTELHO, A. (1956). Psicanálise e higiene mental. *Revista Brasileira de Saúde Mental,* nº 2, v. II.

————. (1955). Dados sobre as atividades psiquiátricas e de higiene mental no Brasil. *Revista Brasileira de Saúde Mental,* nº 2, v. II. Rio de Janeiro.

BRECHT, K.; FRIEDRICH, V.; HERMANNS, L.; KAMINER, I. e JUELICH, D. (1985). *Here life goes on in a most peculiar way.* Berlim: Kellner.

BRITO, S. H. A. (2006). A educação no projeto nacionalista do primeiro governo Vargas (1930-1945). In: Lombardi, J. C. (org.). *Navegando na história da educação brasileira,* 1ª ed., v. 1, 1-24. Campinas: EDFE-Unicamp.

CAMPOS, A. L. V. de. (1999). Combatendo nazistas e mosquitos: militares norte-americanos no Nordeste brasileiro (1941-45). *História, Ciências, Saúde – Manguinhos,* v. 3, nº 20. Rio de Janeiro.

CASTEL, R. (1978). *O psicanalismo.* Rio de Janeiro: Graal.

COSTA, J. F. (1976). *História da psiquiatria no Brasil, um corte ideológico.* 3ª edição. Rio de Janeiro: Campus.

COUTINHO JORGE, M. A. (org.). (2005). *Lacan, o grande freudiano.* (Coleção psicanálise passo a passo). Rio de Janeiro: Zahar.

————. (2007). *Lacan e a formação do psicanalista.* Rio de Janeiro: Contra Capa.

COUTINHO JORGE, M. A. e FERREIRA, P. (2002). *Freud: criador da psicanálise.* (Coleção psicanálise passo a passo). Rio de Janeiro: Zahar, 2002.

DERRIDA, J. (2001). *O mal de arquivo: uma impressão freudiana.* Rio de Janeiro: Relume Dumará.

DIDIER-WEILL, A. (org.). (2007). *Quartier Lacan: testemunhos colhidos por Alain Didier-Weill, Emil Weiss e Florence Gravas.* Rio de Janeiro: Cia de Freud.

DUARTE, M. N. (2009). *De "ares e luzes" a "inferno humano". Concepções e práticas psiquiátricas no Hospital Colônia de Barbacena: 1946-1979. Estudo de caso.* 273 fls. Tese (doutorado) Programa de Pós-Graduação em História. Instituto de Ciências Humanas e Filosofia, Centros de Estudos Gerais. Niterói: UFF.

ENGEL, M. (1998/1999). As fronteiras da "anormalidade": psiquiatria e controle social. In: *História, Ciências, Saúde – Manguinhos,* v. V, nº 3. Rio de Janeiro.

FACCHINETTI, C. (Inédito). A formação de psicanalistas desde 1927: história do processo de institucionalização da psicanálise no Brasil.

———. (Inédito). Recepções da psicanálise no Brasil I.

———. (2001). *Deglutindo Freud: história da digestão do discurso psicanalítico no Brasil. 1920-1940.* Tese de doutorado, Instituto de Psicologia, UFRJ. 217 fls. <http://www.gradiva.com.br/deglutindo.html>.

———. (2002). Recepções da Psicanálise no Brasil I: a antropofagia. (Versão reduzida do capítulo O antropófago e Freud). In: FACCHINETTI, C. (org.). *Lições de Psicanálise 1: Sedução e fetiche na comunicação* (117-131). Rio de Janeiro: UniverCidade.

———. (2006). Eugenia e cérebro em Renato Kehl. *Congresso Internacional de Neurociência e Psicanálise,* Rio Janeiro. <www.brainhood.net>.

FACCCHINETTI, C. e PONTE, C. (2003). De barulhos e silêncios. Contribuições para a história da psicanálise no Brasil. *Psyché,* VII (II), 59-83. Rio de Janeiro.

———. (Inédito). Recepções da psicanálise no Brasil II: o viés psiquiátrico.

FIGUEIREDO, A. C. (1986). *Antroposmoderno – brilhante história da psicanálise no Brasil* (dissertação de mestrado). Rio de Janeiro: PUC-RJ.

FONSECA, C. M. de O. (2007). *Saúde no governo Vargas (1930-1945): dualidade institucional de um bem público.* Rio de Janeiro: Fiocruz.

FOUCAULT, M. (1976). A vontade de saber. *História da sexualidade,* cap. I. Rio de Janeiro: Graal.

———. (1979). *Microfísica do poder.* São Paulo: Graal.

———. (1997). *Il faut défendre la société.* Cours au Collège de France, 1974-1975. Paris: Gallimard (Seuil), Hautes Études.

FREUD, S. (1895). Estudos sobre a histeria. *Obras Completas,* v. III. Rio de Janeiro: Imago, 1969.

———. (1896). Hereditariedade e a etiologia das neuroses. *Obras Completas,* v. III. Rio de Janeiro: Imago, 1969.

———. (1900). A interpretação dos sonhos. *Obras Completas,* v. IV. Rio de Janeiro: Imago, 1969.

———. (1901). A psicopatologia da vida cotidiana. *Obras Completas,* v. VI. Rio de Janeiro: Imago, 1969.

———. (1905). Sobre as teorias sexuais das crianças. *Obras Completas,* v. IX. Rio de Janeiro: Imago, 1969.

———. (1905a). Os chistes e sua relação com o inconsciente. *Obras Completas,* v. VIII. Rio de Janeiro: Imago, 1969.

———. (1910). Psicanálise selvagem. *Obras Completas*, v. XXI. Rio de Janeiro: Imago, 1969.

———. (1912). Sobre a dinâmica da transferência. *Obras Completas*, v. XII. Rio de Janeiro: Imago, 1969.

———. (1912a). Sobre o início do tratamento. *Obras Completas*, v. XII. Rio de Janeiro: Imago, 1969.

———. (1914). Sobre a história do movimento psicanalítico, parte II – O início do movimento psicanalítico. *Obras Completas, v.* XIV. Rio de Janeiro: Imago, 1969.

———. (1920). Além do princípio do prazer. *Obras Completas*, v. XVIII. Rio de Janeiro: Imago, 1969.

———. (1927). O futuro de uma ilusão. *Obras Completas*, v. XXI. Rio de Janeiro: Imago, 1969.

———. (1927a). Fetichismo. *Obras Completas*, v. XXI. Rio de Janeiro: Imago, 1927/1969.

———. (1933a). Por que a guerra?. *Obras Completas*, v. XXIII. Rio de Janeiro: Imago, 1969.

———. (1933b). Conferências introdutórias. *Obras Completas*, v. XXII. Rio de Janeiro: Imago, 1969.

———. (1937). Construções em análise. *Obras Completas*, v. XXIII. Rio de Janeiro: Imago, 1969.

FÜCHTNER, H. (2000). O caso Werner Kemper: psicanalista, seguidor do nazismo, nazista, homem da Gestapo, militante marxista?!. In: *Revista Pulsional*, nº 10. São Paulo.

GALVÃO, L. (1967). Notas sobre a história da psicanálise em São Paulo. In: *Rev. Brasileira de Psicanálise,* v. 1, nº 1. SBPRJ.

HAMILTON, W. e FONSECA, C. (2003). Política, atores e interesses no processo de mudança institucional: a criação do Ministério da Saúde em 1953. In: *História, Ciências, Saúde – Manguinhos*, v. 10, nº 3. Rio de Janeiro: FioCruz.

HEIDEGGER, M. (2003). *A caminho da linguagem.* Petrópolis: Vozes.

HOCHMAN, G. (2006). *A era do saneamento.* São Paulo: Hucitec.

KATZ, C. (org.). (1985). *Psicanálise e nazismo.* Rio de Janeiro: Taurus.

KAUFMAN, P. (1996). O legado de Freud a Lacan. *Dicionário de psicanálise.* Rio de Janeiro: Zahar, 1996.

LACAN, J. (1982). *Mais, ainda... O seminário, livro 20.* Rio de Janeiro: Zahar.

———. (1998a). A psicanálise e seu ensino. In: *Escritos.* Rio de Janeiro: Zahar.

———. (1998b). A coisa freudiana ou sentido do retorno a Freud em psicanálise. In: *Escritos.* Rio de Janeiro: Zahar.

———. (1998c). *Os quatro conceitos fundamentais. O seminário, livro 11.* Rio de Janeiro: Zahar.

———. (2003a). O engano do sujeito suposto saber. In: *Outros escritos.* Rio de Janeiro: Zahar.

———. (2003b). Proposição de 9 de outubro de 1975 sobre o psicanalista da Escola. In: *Outros escritos.* Rio de Janeiro: Zahar.

———. (2007). *O sinthoma. O seminário, livro 23.* Rio de Janeiro: Zahar.

LAFETÁ, J. (1973). Estética e Ideologia: O modernismo em 1930. In *Argumento*, v. I, nº 2, Rio de Janeiro: Paz e Terra.

LAPLANCHE, J. e PONTALIS, J. (1983). *Dicionário de psicanálise.* São Paulo: Martins Fontes.

LIMA, N. T.; FONSECA, C. M. O. e HOCHMAN, G. (2005). A saúde na construção do Estado nacional no Brasil: reforma sanitária em perspectiva histórica. In: LIMA, N. T.; GERSCHMAN,

S.; EDLER, F. C.; SUÁREZ, J. M. (orgs.). *Saúde e Democracia – História e Perspectivas do SUS*. Rio de Janeiro: Ed. Fiocruz.

LIMA, N. T. e HOCHMAN, G. (2006). Condenado pela raça, absolvido pela medicina: o Brasil descoberto pelo movimento sanitarista da Primeira República. In: LOUGON, M. *Psiquiatria institucional: do hospício à reforma psiquiátrica*. Rio de Janeiro: Fiocruz.

MAIO, M. C. e SANTOS, R. V. (orgs.). (1996). *Raça, Ciência e sociedade*. Rio de Janeiro: Fiocruz, CCBB.

LUZ, T. M. (2000). Duas questões permanentes em um século de políticas de saúde no Brasil republicano. In: *Ciência Saúde Coletiva*, v. 5, nº 2. Rio de Janeiro.

MAIO, M. (1999). O projeto Unesco e a agenda das ciências sociais no Brasil dos anos 40 e 50. In: *Revista brasileira de ciências sociais*, v. 14, nº 41. <http://www.scielo.br/pdf>.

MEDEIROS, M. (1919). Psychoterapia e suas modalidades. Conferência na Sociedade Científica dos docentes da Faculdade de Medicina do Rio de Janeiro.

———. (1956). Centenário de Freud. In: *Revista Brasileira de Saúde Mental*, nº 2, v. II. Rio de Janeiro.

———. (1957a). Introdução à psiquiatria forense. In: *Arquivos do Manicômio Judiciário Heitor Carrilho*, nº 2, 2º sem. Rio de Janeiro.

———. (1957b). Alcoolismo e higiene mental. In: *Revista Brasileira de Saúde Mental*, nº 2, v. III. Rio de Janeiro.

———. (1958). Conferências – lições e comunicações – combate ao alcoolismo. In: *Revista Brasileira de Saúde Mental*, nº 1 e 2, v. IV. Rio de Janeiro.

———. (1965). Lues e psicoses luéticas no casamento. In: *Arquivos do Manicômio Judiciário Heitor Carrilho*, nº 1 e 2. Rio de Janeiro.

———. (s/d). *Psychoteraphia*. Rio de Janeiro: Guanabara.

MEDEIROS, M. e MANFREDINI, J. (1956). *O Casamento: psiquiatra forense*. Rio de Janeiro: J. Olympio.

MICELI, S. (1979). *Intelectuais e classe dirigente no Brasil, 1920-1945*. São Paulo: Difusão Européia do Livro.

MILLOT, C. (2007). Sobre a história da formação dos analistas. In: COUTINHO JORGE, M. A. (org.). *Lacan e a formação do psicanalista*. Rio de Janeiro: Contra Capa.

MOKREJS, E. (1993). *A psicanálise no Brasil – a origem do pensamento psicanalítico*. Petrópolis, RJ: Vozes.

MOREIRA, J. (1905). Classificação de moléstias mentais do professor Emil Kraepelin. In: *Archivos Brasileiros de Psychiatria, Neurologia e Sciencias Affims*, ano I, nº 2, 204-216. Rio de Janeiro.

———. (2004). A seleção individual de imigrantes no programa da higiene mental (1925). In: *Latinoamericana de Psicopatologia Fundamental*, ano VIII, nº 2: 364-369. São Paulo.

MOREIRA, J. e PEIXOTO, A. (2003). A paranóia e as síndromes paranóides (1905). In: *Latinoamericana de Psicopatologia Fundamental*, ano VI, nº 2: 134-167. São Paulo.

NOSECK, L. (org.) (1994). *Álbum de família: imagens, fontes e idéias da psicanálise em São Paulo*. São Paulo: Casa do psicólogo.

ODA, A. e DALGALARRONDO, P. (2000). Juliano Moreira: um psiquiatra negro frente ao racismo científico. In: *Revista Brasileira de Psiquiatria*, v.22, nº 4. São Paulo.

———. (2004). A paranóia, segundo Juliano Moreira e Afranio Peixoto. In: *Revista Latinoamericana de Psicopatologia Fundamental*, v. VII, nº 2. São Paulo.

OLIVEIRA, C. L. M. V. de. (2002). A historiografia do movimento psicanalítico no Brasil. In: *Revista Latinoamericana de Psicopatologia Fundamental*, v. 2, nº 3, 144-153. São Paulo.

PEIXOTO, A. (1923). Homenagem a Juliano Moreira. In: *Arquivos Brasileiros de Psiquiatria e Neuriatria*, ano V, 17-18.

PERESTRELLO, M. (org.). (1987). *História da Sociedade Brasileira de Psicanálise do Rio de janeiro:* suas origens e fundação. Rio de Janeiro: Imago.

————. (1996). Primeiros encontros com a psicanálise – os precursores no Brasil (1899-1937). In *Jornal Brasileiro de Psiquiatria*, v. 35, nº 4. Rio de Janeiro.

————. (1998). História da Psicanálise no Brasil: o ensino nos institutos (reconhecidos pela IPA). In: *Boletim Científico da SBPRJ*, nº 6. Rio de Janeiro.

PONTE, C. F. (1999). Médicos, psicanalistas e loucos: uma contribuição à história da psicanálise no Brasil. 190 fls. Dissertação (Mestrado), Escola Nacional de Saúde Pública/ Fiocruz, Rio de Janeiro.

PONTE, C. F. e BEDIAGA, E. H. B. (1992). *Projeto Memória da Sociedade Brasileira de Psicanálise do Rio de Janeiro.* Entrevistas.

PORTO-CARRERO, J. (1929). Psychanalyse – a sua história e o seu conceito. In: *Ensaios de psychanalyse.* Rio de Janeiro: Flores & Mano.

————. (1940). *Grandeza e misérias do sexo.* Rio de Janeiro: Irmãos Pongetti.

————. (s/d). *A psicologia profunda ou psicanálise.* 3ª edição. Rio de Janeiro: Guanabara.

RAMOS, A. (s/d). *Psychiatria e psycanalyse.* 3ª edição. Rio de Janeiro: Guanabara.

REIS, J. R. (1994). *Higiene mental e eugenia: o projeto de "regeneração nacional" da Liga Brasileira de Higiene Mental (1920-30).* Dissertação (Mestrado), Instituto de Filosofia e Ciências Humanas, Campinas, São Paulo.

ROSENBERG, C. (1997). *Framing disease: illness, society and History.* In: ROSENBERG C. e GOLDEN, Janet (eds.). *Framing disease: studies in cultural history.* New Brunswick, New Lersey: Rutgers University Press.

ROUDINESCO, E. (1989). *História da psicanálise na França. A batalha dos cem anos*, v. 2: 1925-1985. Rio de Janeiro: Zahar.

————. (1994). *Jacques Lacan: esboço de uma vida, história de um sistema de pensamento.* São Paulo: Companhia das Letras.

————. (2006). *A análise e o arquivo.* Rio de Janeiro: Zahar.

ROXO, H. (1925). Modernas noções sobre doenças mentais. In: *Manual de Psychiatria*, 4ª edição. Rio de Janeiro: Guanabara.

————. (1961). Responsabilidade em face da psiquiatria. *Arquivo do manicômio judiciário Heitor Carrilho*, nº 1 e 2, 2º sem.

RUSSO, J. (2000). A psicanálise enquanto processo civilizador. In: *Cadernos IPUB*, nº 8. Rio de Janeiro: Instituto de Psiquiatria-UFRJ.

————. (2002). *O mundo psi no Brasil.* (Coleção descobrindo o Brasil). Rio de Janeiro: Zahar.

SAGAWA, R. Y. (1992). *Redescobrir as psicanálises.* São Paulo: Lemos.

————. (1994). A história da Sociedade Brasileira de Psicanálise em São Paulo. In: *Álbum de Família.* São Paulo: Casa do Psicólogo.

————. (1995a). A psicanálise pioneira e os pioneiros da psicanálise em São Paulo. In: FIGUEIRA, S. (org.). *Cultura da Psicanálise.* São Paulo: Brasiliense.

————. (1995b). Um recorte da psicanálise no Brasil. In: *História dos saberes psi no Brasil.* Rio de Janeiro. Disponível em <http://www.coc.fiocruz.br/psi/pdf/artigos1.pdf>. Acesso em 7 abril 2008.

————. (2002). *Durval Marcondes*. Brasília: Imago.

————. (s/d). *A construção local da psicanálise*. Marília, SP: Interior/psicanálise.

SANTOS, C. L. A. (1985). O pensamento sanitarista na Primeira República: uma ideologia de construção da nacionalidade. In: *Dados. Revista de Ciências Sociais*, v. 28, nº 2. Rio de Janeiro.

SERIO, N. M. F. (1998). *Reconstruindo farrapos*. A trajetória histórica da SPRJ. Instituição e poder, 1998, 2 v. Dissertação (Mestrado) Departamento de Psicologia. Universidade Federal Fluminense, Niterói, Rio de Janeiro.

SOUZA, V. (2004). *Mestiços, doentes e degenerados*. A eugenia de Renato Kehl e a questão nacional no entre-guerras. Dissertação (Mestrado). Rio de Janeiro: Fiocruz.

STEPAN, N. (2004). Eugenia no Brasil, 1917-1940. In: *Cuidar, Controlar, Curar*, ensaios históricos sobre saúde e doença na América Latina e Caribe. HOCHMAN, G.; ARMUS, D. (orgs.). Rio de Janeiro: Fiocruz. Coleção História e Saúde.

TEIXEIRA, L. A. (1994). Da raça à doença em casa-grande e senzala. In: *História, Ciências, Saúde – Manguinhos*, v. 1, nº 1. Rio de Janeiro: FioCruz.

THIELEN, E. V.; SANTOS, R. A. dos. (2002). Belisario Penna: notas fotobiográficas. *História, Ciência, Saúde – Manguinhos*. Rio de Janeiro: FioCruz.

TIGHET, J. (1997). The legal art of psychiatric diagnosis: searching for reliability. In: GOLDEN, J. e ROSENBERG, C. (orgs.). *Framing disease: studies in cultural history*. Philadelphia: Rutgers.

UCHÔA, D. (1907). *Organização da psiquiatria no Brasil*. São Paulo: Sarvier.

VENANCIO, A. T. A. (2003). História do saber psiquiátrico no Brasil: ciência e assistência em debate. In: *História, Ciências, Saúde – Manguinhos*, v. 10, nº 3. Rio de Janeiro: FioCruz.

————. (2004). A ciência psiquiátrica na Universidade do Brasil (1938-1858). In: XI Encontro Regional de História, 2004. Rio de Janeiro. Democracia e Conflito. Livro de Resumos. Rio de Janeiro: ANPUH-RJ: UERJ, v. 1, 40.

————. (2005/2). As faces de Juliano Moreira: luzes e sombras sobre seu acervo pessoal e suas publicações. In: *Estudos Históricos – CPDOC/FGV*, nº 36. Rio de Janeiro.

————. (2008). Colônia Juliano Moreira na década de 1940: política assistencial, exclusão e vida social. In: III Congresso Internacional de Psicopatologia Fundamental, 2008, Niterói. Anais do III Congresso Internacional de Psicopatologia Fundamental – Pathos: violência e poder.

VENANCIO, A e FACCHINETTI, C. (2004). Gentes provindas de outras terras – ciência psiquiátrica, imigração e nação brasileira. In: *Revista latinoamericana de psicopatologia fundamental*, v. VII, nº 2. Rio de Janeiro.

VIANNA, H. (1994a). *Não conte a ninguém... – contribuição ao histórico das sociedades psicanalíticas do Rio de Janeiro*. Rio de Janeiro: Imago.

VIANNA, L. W.; CARVALHO, M. A. R. e MELO, M. P. C. (1994b). A institucionalização das ciências sociais e a reforma social: do pensamento social à agenda americana de pesquisa. In: *Dados – Revista de Ciências Sociais*, v. 37, nº 3. São Paulo.

VILHENA, C. (1993). Práticas eugênicas, medicina social e família no Brasil republicano. In: *Revista da Faculdade de Educação de São Paulo*, v. 19, nº 1. São Paulo.

Periódicos:

Arquivos da Assistência Geral a Psicopatas do Estado de São Paulo. São Paulo, 1936; 1937 – 2º, 3º e 4º trimestre; 1941; 1942 nº 1, 2, 3 e 4; 1943 nº 1, 2, 3 e 4; 1944 nº 1, 2, 3, e 4; 1945, 1946, 1947, 1948, 1949 e 1950.

Arquivos Brasileiros de Neuriatria e Psiquiatria. Rio de Janeiro, nº 10 e 12, ano 1932.

Arquivos do Manicômio Judiciário Heitor Carrilho. Rio de Janeiro, nº 1 a 8 – 1951 a 1954; nº 1 e 2 - 1955; nº 2, 2º sem. – 1957; nº 1 e 2 – 1961.

Arquivos do SNDM – Ministério da Saúde, Departamento Nacional de Saúde. Rio de Janeiro, anos 1942, 1943, 1945, 1949, 1955.

Boletim Científico da SBPRJ, 1986.

Folha Carioca, Rio de Janeiro, 9/05/1944.

Jornal Brasileiro de Psiquiatria, 1986.

Revista do Instituto de Psiquiatria – 60 anos 1938 – 1998. Cadernos do IPUB, nº especial. Rio de Janeiro: UFRJ, 1998.

Revista de Neurologia e Psiquiatria de São Paulo. v. VI, nº 1 – 1940; v. X, nº 1. São Paulo, 1940.

Revista da Sociedade Psicanalítica do Rio de Janeiro, edição comemorativa do 25º. Aniversário de Fundação. Rio de Janeiro, 1980.

Revista Brasileira de Saúde Mental, Rio de Janeiro, nº 2, v. II – 1955; nº 2, v. III – 1957; nº 1 e 2, v. IV – 1958.

Súmula das principais ocorrências e atividades do serviço de Assistência a psicopatas do Distrito Federal (SAP). Adauto Botelho, 1939.

Este livro foi impresso nas oficinas gráficas da Editora Vozes Ltda.,
Rua Frei Luís, 100 – Petrópolis, RJ.